フツーのおばさんが見た北朝鮮

●凍える国にも、いつかは春が●

谷合 規子
Noriko Taniai

元就出版社

ピョンヤンスナップ

Snapped in Pyong Yang 2002

① ▲北朝鮮の首都ピョンヤンは、人口３００万を擁する古都。街を流れる大同江をはさんで、整備された街区が広がっている。（高台から見おろしたピョンヤン市街）

② ◀国家観光局作成の美しいリーフレットには、ピョンヤンの市内はもとより、妙高山、白頭山など全土の観光名所や特産物が掲載されている。表紙は凱旋門前。

③ ▲金日成の銅像。遠距離のため、筆者と変わらないほど、小さく見えるが世界最大の銅像。電力不足にもかかわらず、夜はライトアップされる。エネルギーの使い方は、その国（国民）の価値観を表している。（ピョンヤン金日成広場）

⑤ ▲昼間はかっこよく並ぶ街灯だが、夜になっても点灯しない。信号機はお休みし、女性警官の手信号。赤地に白抜きの看板が並ぶが、スローガンは「強盛大国」で、2012 年金日成生誕 100 年を目指したもの。白地に赤い文字のお店の看板は「トックのお店」(トックは正月の雑煮)。(平壌高麗ホテル近く)

⑧
▼幼児を背負って出勤する女性。(ピョンヤン)

⑨ ▼住宅街の朝の風景。出勤と登校の人たち。エリート市民らしく、着ているものがきちんとしている。制服の男性は、周囲を監視している様子がよくわかる。(ピョンヤン)

▼日曜日の高級住宅街前。路上の車、右一番前はピョンヤンナンバーのベンツ。後ろはパトカー、かなり旧型。市内で自転車をひく姿は見かけるが、なぜか乗っている姿は郊外で見ただけ。肩の力を抜いて歩くのは、オフの高級官僚か？ジャンパー姿がくつろぎの衣装なのか？休日の外出は男性ばかりか。赤いネッカチーフは全員加入の朝鮮少年団。（ピョンヤン）

④

⑥

◀ピョンヤンナンバーのトラックで万景台公園に……？　子どもは危ない座れと命じ、大人は立って物珍しそうな様子で、辺りを見回す。男性天下に注目。制服の少女が一人。髪のリボンがいかにも休日らしい。自転車に乗る人は、スーツを着ている。特権階級の人か？周囲は豊かな緑。（万景台）

⑦ ▲もうすぐ主席の生家が。胸に金日成のバッジ。正装して訪れる。（万景台公園）

⑪ ▲妙香山へ向かうバスの車窓から見たはるか遠くの住宅。人の気配がない。畑地は種を播いても収穫できないほどの痩せた荒れ地という。背後の山も地肌が見える。

⑩ ▲妙香山・国際親善展覧館（国家観光局「朝鮮観光」パンフより）

⑫ ▼アリラン祭のフィナーレ。地球儀の朝鮮半島はロイヤルボックスに向く。人文字は「永遠の太陽」（金正日のこと）。

⑬ ▼アリラン祭のワン・シーン──フィールドは小学生の演技。背景の人文字も子どもの姿。昭和の頃のなつかしい日本の絵の雰囲気。

⑭ ▲アリラン祭で演じられた、銃を持った兵士のマスゲーム。

はじめに

北朝鮮の体制がいつまで続くのか、わからない。だが、金正日《キムジョンイル》は健康を害し、そう長くはなくて、三代目の後継者は金正雲《キムジョンウン》だという報道がかまびすしい。日成から正日にバトンタッチし、正雲につなげる世襲制度で、社会主義にもかかわらず、金王朝はゆるぎがないようだが、正雲しだいという観測もある。

地理的に、日本の隣国であり、歴史の上でも深いかかわりのあるこの国とは、物理的にも、精神的にも、日本人は、決して無関心ではいられない。にもかかわらず、秘密のベールで覆われているこの国の実情はよくわからない。

2008年10月に、国連人口基金（UNFPA）は、北朝鮮について1993年以来15年ぶりの調査を実施した。

この15年間で、平均寿命が72・7歳から69・3歳へと、3・4歳も短くなって、お隣の韓国より、10歳も短くなっているということだ。両国が分断された60余年前の時点で、北の方が国民所得は高かったし、平均寿命に差はなかったはずである。一体何が国民の命を縮めたのか。この国で何が起きていたのか。
15年間の真ん中も過ぎた2002年、ひょんなことから、この国に足を踏み入れ、実際に見聞したことは、いわば、この間の定点観測のようなもので、書き残しておく意味はあると、痛切に感じた。たとえ、このさき、「北」の体制がどう変化しようとも、忘れてはならない教訓が山ほどあるからだ。

金正日の統率力を誇示する最大のイベント、アリラン祭で披露されたこの年の集団舞踊「アリラン」は、北朝鮮を代表する作曲家、舞踊家、演出家等の総力によって完成した大作で、その後も公演を繰り返し、海外の要人を含めて、内外数百万人が観覧しているという。07年には、世界最大規模の集団芸術としてギネスにも、登録されたと報道された。日本人にとっても、拉致を正確に認知する直前で、強い警戒感もなく、訪問し、観覧できた最後の機会であった。

わずか4泊5日の、いわば〝拘束されたバス・ツアー〟で見た光景や施設は、彼らにしてみれば、宣伝効果を期待している自慢のスポットばかりである。したがって、これが北朝鮮の素顔だと思ったら、大間違いだろうが、それでも、21世紀初頭のカルチャーとしては、驚くことばかりだ。

国内的には、大洪水、干ばつに襲われ、飢饉と飢餓、デノミ、脱北者などの難題をかかえ、加えて対外的に拉致、ミサイル、核開発、韓国海軍の哨戒艦「大安」の爆発・沈没への関与など六カ国協議の行方は世界中から注視されているのも事実だ。

人民を飢えに追いやる一方で、ミサイルや核開発に手を出す北の軍事優先の政策に共感する

はじめに

日本人は皆無だが、「あの小さな国です。自衛のための核がなければ、たちどころに潰されてしまいます」と、古希を過ぎた初対面の在日の某有識者は、やむをえない選択だと釈明する。人は生まれる国を選べない。自らは国外に身を置き、世界の情報をふんだんに入手しながら、祖国を愛し続ける彼のこの言葉は、人として、国を思う情の深さからくるものだろうか。

教室で暴力をふるう生徒に悩む教師は、彼の長所を伸ばし、暴力をふるわなくても、学校内で十分存在を認められ、尊敬される立場を作ることで、解決策を求めようとする。いつの日か、「北」が、外国からの援助なしに、自信を持って、立ちあがれるようになれば、暴れる必要はなくなる。

金正日や外国の要人を歓迎するために、整列したチマ・チョゴリの若い女性たちが両手に握った造花を熱狂的に振る晴れやかな姿には、溌剌としたエネルギーがあふれている。

アリラン祭の若者たちのマスゲームの美も、色眼鏡なしに見れば、一糸乱れぬレベルまで、演技を磨きあげた努力と精進の賜物である。

北朝鮮の今後の進路決定には、正雲と時代をともにする彼らのような若者の力が左右する。いつの時代も若者は希望だ。

独裁者による体制がたとえどうであれ、今後どんな政治的な決着がなされようと、生まれた国を愛し、毎日をまじめに、真剣に生きている人々は、次世代へと続いていく。彼らのまなざしが、やがては地球全体を直視できる日も、そう遠くはあるまい。

学者や研究者などの専門家ではない、フツーのおばさんの目線で見た北朝鮮、こどもを育てた母親の視点で見たピョンヤンを、一緒に旅行するような気楽さで、読んでいただければ幸いである。

柳原滋雄さんには、より専門的な立場から、解説をお願いして、私の紀行文をひきしめていただくことにした。

2010年5月

谷合 規子

この本はなぜ書かれたか——解説にかえて

柳原 滋雄

本書は、小泉純一郎・金正日とたまたま同い年である著者が、偶然に北朝鮮を訪問する機会を得て、現地で体験した出来事を現時点で一冊にまとめた記録である。訪朝時期は、小泉首相が現地を踏むわずか四カ月ほど前のことで、ピョンヤンを中心に、担当の公務員とのやりとりなども子細に活字にしている。

北朝鮮問題に関心をもつ人からみれば、ある程度予想のつく内容と思われる面もあるかもしれないが、現地で口にした料理をはじめ、女性ならではの細かな視点も光っている。停電するホテルのスウィート・ルーム、人影のないホテルの廊下。「現地の人とは、出会いの期待も、ふれあいの楽しさも、徹底的に排除された旅行だった」と描かれているとおり、見せたいものだけを見せ、見られたくないものは徹底的に隠す、北朝鮮流の応対術がつぶさに見てとれる。

著者の谷合規子さんは、30代で社会派のジャーナリストとして売り出し、潮ノンフィクション賞を受賞した経験をもつライターである。わずか4泊5日、実質的には3日間という限られた日程にもかかわらず、それらを一冊分にまとめたエネルギーには感心させられる。

ふりかえると、北朝鮮による日本人拉致が公になったのは2002年9月のことだ。小泉純一郎首相（当時）が金正日総書記から事実を引き出し、一般の日本人にも広く関心を持たれるようになった。現在、5人の拉致被害者とその家族が日本への帰国を果たして暮らしているが、ほかにも100人以上の拉致被害者が存在すると見られている。北朝鮮による「誘拐行為」はすでに70年代から始まっていたが、こうした犯罪を実行できるようになった背景については、あまり語られることはない。

それは、いまから約50年前に始まった帰国事業で、北朝鮮にわたった在日朝鮮人らの存在だ。海を渡った総数は累計9万人を超え、日本人配偶者も約1800人にのぼり、ざっと10万人近くが日本海を越えた計算になる。現在、その子孫がかの地で暮らしているはずだが、北朝鮮での過酷な生活に耐えきれず、中国経由で「脱北」するケースも後を絶たない。日本にたどりついた関係者はすでに100人を超える。

1959年暮れにスタートした帰国事業で、北朝鮮にわたった在日朝鮮人は、その多くは、日本に家族・親戚を残していた。だが、「3年もたてば里帰りできる」といって海を渡った人たちは、その後、2度と日本の地を踏むことはなかった。つまるところ、北朝鮮という独裁国家を維持するための、体のいい〝人質〟として使われてきたようなものである。残された家族や親戚は、北朝鮮から金や品物を無心する手紙や電話の攻勢にさらされ、結果的に、北朝鮮の「外貨稼ぎ」に利用されてきた。

結果論としてみれば、日本人拉致は帰国事業、さらには日本と北朝鮮を行き来した万景峰号の存在なくしては実行は難しかったと思われる。つまり、帰国事業がなければ日本人拉致は起きなかったとさえいえよう。

帰国事業という大規模な拉致行為を、当時の日本社会は、党派を超えて歓迎し、推進した。産経新聞の記者でさえ、この事業を推進したとは、日本の左の陣営の言い訳としてよく出されるエピソードだ。それでも、在日本朝鮮人総連合会（いわゆる朝鮮総連）とともに、重い責任をもつのが、当時の日本共産党であったことは歴史の事実であろう。同党が朝鮮労働党の「兄弟党」「友党」として、この事業を強力に推進した過去を消すことはできないからだ。

戦後、共産党再建の一翼を担ったのは在日朝鮮人だった。当時の共産党の最高幹部には、日本人でない氏名が複数ある。彼らは１９５５年の朝鮮総連結成とともに、日本共産党から朝鮮労働党へと党籍を変更した。その意味では、もともとは日本共産党員にほかならなかった。こうした両者の不二の関係を背景に、この事業は推進された。

59年に共産党の下部出版社である新日本出版社から発刊された単行本『38度線の北』は、帰国熱に火をつけた典型的な書籍として知られる。当時、党員だった寺尾五郎という人物が著したもので、この本はいまや日本の古本屋でも見かけられることはほとんどない。その多くが帰国者とともに海を渡ったのではないかと推測されている。

元共産党員で「赤旗」ピョンヤン特派員を務めたこともあるノンフィクションライターの萩原遼氏は、北朝鮮帰国事業50周年の区切りの年となった09年、都内で開かれたあるシンポジウムで、「日本共産党が恥部とするのも、帰国問題」と、共産党の責任に具体的に言及した。同党は長年にわたって正論を主張しつづけた萩原氏を、党から除籍するという仕打ちで応じたことも有名である。

本書には、「出会いもふれあいも排除され」の一項がある。数十年にわたり、北朝鮮で繰り返し行われてきた行為である。私はこの記述を目にしたとき、今から50年前に当地を訪問した一人の在日朝鮮人の足跡を思い起こさずにいられなかった。

その人の名は関貴星。1914（大正3）年生まれの在日一世で、57（昭和32）年、初めて北朝鮮を訪問した。その後、59年に帰国第一船が新潟港から出発すると、朝鮮総連の活動家であった関は、翌60年8月、2度目の北朝鮮訪問の機会を得る。同行者には、上記の寺尾五郎もいた。

事情通には知られた話かもしれないが、関は現地で、帰国していた若者らから「あなたの書いた本にだまされた」と寺尾が詰問されているシーンに立ち会う。ほかにも、帰国していた旧友と再会することを楽しみにしていた一行に対し、北朝鮮当局は、いっさいだれにも会わせようとはしなかった。「どこか、何か、おかしい」。関貴星の感性は、自分の良心に背いて行動することを許さなかった。

日本に戻った翌年（61年）の正月、友人らに問題となる年賀状を送付し、同年6月には朝鮮総連との決別を宣言。当時、社会主義思想が蔓延していた時代に、たいへん勇気のいる行動だったに違いない。7月には記者会見も行い、その年の後半から、北朝鮮にわたる帰国者の数は〝激滅〟した。現地の実態が、家族や親せきに伝わった時期と見られる。そうして62年3月に出版したのが、名著『楽園の夢破れて』だった。

関には在日韓国人の学者に嫁いだ長女がいた。正義を貫こうとした父親に、子どもたちの抵抗は耐え難いものに映ったにちがいない。関は北九州で晩年を過ごし、86年秋、他界している。

後年、父親と和解を果たした長女の呉文子《オムンジャ》さんは、『パンソリに想い秘めるとき――ある在日家族のあゆみ』というエッセイ集にその思いを収めている。そこで、「『帰国事業』とはいったい何だったのだろうと問われれば、私は即座に『悪夢』と答えるだろう」と綴っている。

呉さんの夫で、関氏から見れば義理の息子にあたる李進熙《リジンヒ》氏は、『海峡～ある在日史学者の半生』のなかで、「今にして思うのだが、義父の判断は正しかった。それから40年経った今でも北の事態は少しも改善されていないばかりか、民衆を飢餓に追いやりながらも金正日体制が強化されている」と振り返る。

当時、北朝鮮の「真実の姿」を社会的に主張することがいかに孤独な闘いであったか。関氏の〝徒手空拳〟の行動は、イデオロギーの呪縛をこえて、同胞の立場から祖国の行く末を憂い、自らの家族との絆を絶ってまで信念を貫いたところに、その輝きがある。社会にそうした事実が認められるようになるまで、ゆうに30年以上の月日を要した。

昨夏、在日コリアンが集住する大阪市生野区で取材を重ねる機会があった。80代の在日一世の女性たちの多くに、北に帰国した家族・親戚がいた。当時、優秀な若者たちほど、日本での差別を嫌ってこぞって出国したから、いまとなれば、「あの人たちが日本に残っていれば、どんなに日本は変わっていただろう」と指摘する声には説得力がこもっていた。

北朝鮮に渡った長男からの電話を、いまも心待ちにする年老いた母がいた。

兄弟が帰国船にのって新潟港を出港したものの、内心では帰りたくなかった1人の少年が、途中で海に飛び込み、ひそかに戻ってきたとの逸話も耳にした。そうした帰還者は実は1人ではなかったようである。事実なら、帰国事業にまつわる〝秘話〟にちがいない。

2010年春、日本では北朝鮮の脱北家族をテーマにした「クロッシング」という韓国映画が話題を呼んだ。北朝鮮で平穏に暮らしていた父・母・息子の3人家族が、母親が妊娠中に結核にかかってしまったことで、父親は中国に出て薬を買ってくる決断をする。「すぐに戻る」と言い残して出て行くが、母親は死亡し、身寄りを失った子どもは、父親を探して後を追う。親子の情愛をせつせつと訴え、頬に何度も熱いものが伝う内容の作品だった。そこで描かれた北朝鮮の生活実態は、まるで昭和初期の日本にタイムスリップしたかのように見えた。少年の正直で、およそすれたところのない性格は、かつての日本の子どもたちもこうした純粋さをもっていたに違いないと思わせるものだった。

本書の著者にも3人の子どもがいる。最後に収録されている追補の文章は、北朝鮮訪問の2年前、長男について書き記したエッセイ風小説に仕立てたものだ。大学卒業後、国際NGOに勤務し、世界の危険地帯で仕事をしてきた息子への、母親の微妙な葛藤と愛情とが綴られている。


（ジャーナリスト）

目次●Contents

第2章❖夜のピョンヤンに到着　41

第3章❖痩せた土地と食糧不足　93

第4章❖嘆きのショッピング　115

第5章 ❖ 気になる教育事情 145

第6章 ❖ 圧巻！ アリラン祭 171

第7章❖厳寒の冬、花の芽は準備する 187

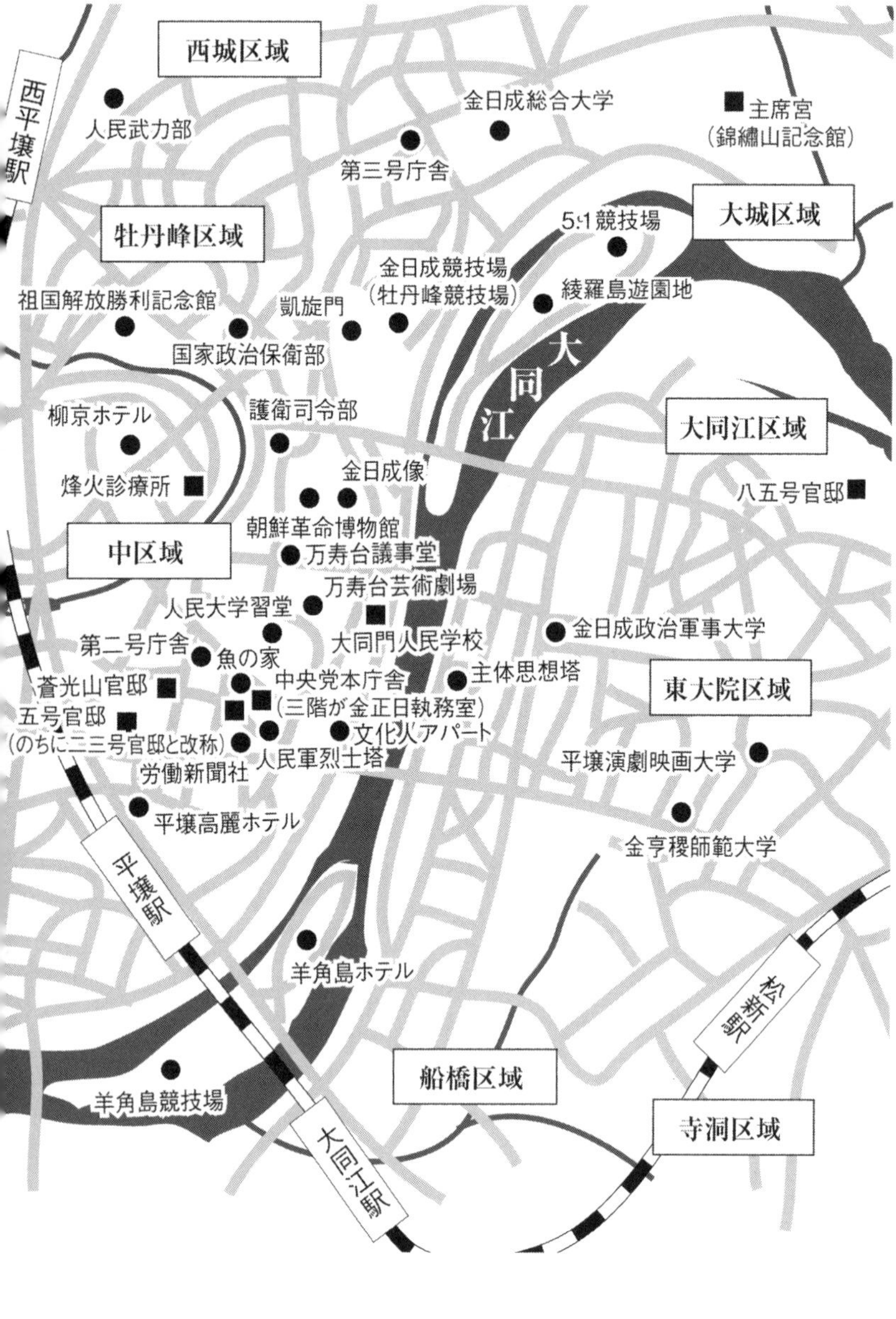
西城区域
西平壌駅
人民武力部
金日成総合大学
第三号庁舎
主席宮
(錦繍山記念館)
牡丹峰区域
大城区域
5.1競技場
金日成競技場
(牡丹峰競技場)
綾羅島遊園地
祖国解放勝利記念館
凱旋門
国家政治保衛部
大同江
柳京ホテル
護衛司令部
大同江区域
金日成像
烽火診療所
八五号官邸
朝鮮革命博物館
中区域
万寿台議事堂
万寿台芸術劇場
人民大学習堂
金日成政治軍事大学
第二号庁舎
大同門人民学校
魚の家
主体思想塔
蒼光山官邸
中央党本庁舎
東大院区域
(三階が金正日執務室)
五号官邸
(のちに二三号官邸と改称)
文化人アパート
人民軍烈士塔
平壌演劇映画大学
労働新聞社
平壌高麗ホテル
金亨稷師範大学
平壌駅
羊角島ホテル
松新駅
羊角島競技場
船橋区域
寺洞区域
大同江駅

平壌《ピョンヤン》市内地図

第1章❖舞い込んだメール

フワフワと舞うものの正体は？

ピョンヤンの目抜き通りには、大きなタンポポの綿毛のような白いものがフワフワと、風花のように舞っていた。前日の夜、ピョンヤン空港に到着以来、理解しがたいことばかりで、頭の中は整理がつかない。一体、どこから片付けて行ったらよいのか。とりあえず、すぐにも視界から消えそうで、はかなげな目の前の浮遊物について、通訳のキムに尋ねた。

「ポプラの綿毛ですよ」

いとも簡単に返事がきた。滞在中の質問に答えてくれるのは、通訳ガイドのキムとハンだが、彼らの説明を聞いていると、理解や納得するより、ますますわからなくなることがある。ポプラなら、わが家の近くの大学構内にあって、夕日を背にした時のスラリとしたシルエットは格別美しい。町の大好きなスポットだが、綿毛が飛んできたためしはない。それでも帰国後、札幌をはじめ、各地でポプラの綿毛が浮遊するのを見たと、友人が教えてくれたし、柳絮《りゅうじょ》と呼ばれ植物図鑑にもあったので、ポプラの綿毛説についての半信半疑は、単に私の無知からきたものだった。ポプラこそ見つからなかったが、ピョンヤンの市街地にも、新緑の街路樹は、確かに何ヶ所もあった。山道で桜の花びらが風に舞っていても、山桜の木はどこにあるのか、あたりを見回しても見つからない、そんな類いのことだろう。

それにしても、町や人々のことなど、疑問が晴れないのは、通訳の力不足なのか、この国の内緒ごとなのか。根掘り葉掘り聞いて確かめるのは、相成らんと、旅行の出発前に注意されていたので、グッとつばを飲み込み、メタボの腹はますますふくれてくる。

北朝鮮旅行への誘《いざな》い

なぜ、どうして、ほとんどの人が踏み込めないピョンヤンに旅行ができたのか、実は私もよくわからない。ある日、私のパソコンに、一通のメールが届いた。記録を確認すると、２００２年４月７日、22時20分受信とある。固有名詞だけは伏せて、そのまま紹介する。

ＮＧＯ某による朝鮮民主主義人民共和国（北朝鮮）特別訪問のご案内

ＮＧＯ某は、朝鮮民主主義人民共和国への人道支援活動を行っていますが、この度、同国の特別なご配慮により、経済視察及びアリラン祭参加のための訪朝が実現できる運びとなりました。

今回の訪朝は、日朝間の市民レベルでのふれ合い活動を実現させるための第一歩として、同国と協働して企画したものです。この機会に、是非、ご参加戴き同国への理解を深め、我々ＮＧＯの活動をご支援戴きます様、宜しくお願い申しあげます。

特別訪問の旅程等は別紙の通りです。訪朝ご希望の方は、添付する参加申込書に記載のうえ参加される方のパスポートのコピーを、ＦＡＸまたは郵送にて【共に４月12日（金）必着】お手続き下さい。

これに続いて、NGOの事務局長名と住所、電話、FAX番号が明記され、添えられた申込書には、住所、氏名、職業、連絡先の記入欄があり、最後に、推薦人の欄が設けられていた。

参加費用は約24万円。日程は5月2日(木)から6日(月)。平壌市内観光とアリラン祭観覧、羅津、先鋒特別経済開発区の視察が主な内容と記されている。

見覚えのない団体名と事務局長名で届いた北朝鮮訪問の申し込み締め切りは、すでに5日後に迫り、パスポートのコピー送付と5万円の振りこみが要求されていた。

こんな間際に⁉　若干の定員割れで、こんな呼びかけがあったのだろうか。仕事が休めるゴールデンウィーク中という企画は、何にもまして魅力的だ。幸い、珍しいことに、この間の予定は、コンサートのチケットを一枚確保しているだけで、欠席しても迷惑にはならない。謎の国、北朝鮮に足を踏み入れられる千載一遇のチャンスだ。行きたい気持ちのある人間には先着順という言葉にあおられる。

振り込め詐欺とも疑わず

振り込め詐欺と寸分も疑うこともなく、翌日さっそく電話をする。

「ぜひ、参加したいのですが、NGOメンバーの推薦が必要といわれても、知り合いは誰もいませんが」

「こちらからご案内を出したわけですから、推薦の必要はありません」

「私のメールアドレスはどこでお知りになったのですか？」

「さあ、私どもにはわかりません」

なぜか気にはなるが、許可されたのだから、ゴタゴタ言うことはあるまい。あやしいと思うより、行きたい気持ちが先にたつ。

「定員１００人とありますが、まだ空きはありますか」

「大丈夫です」

良かった！　電話の向こうで、応対する女性は落ち着いていて、魂胆がありそうにも思えなかった。ここで、定員だと断られたら、なんとも悔やしい。さっそく5万円を振り込み、申し込み用紙に、１人部屋を希望して、メールで返した。

その後、友人にこの時の状況を話すと、誰もが驚き、「だまされたと思わなかったの？」「拉致とか拘束される心配はしなかったの？」とあきれられる。

そのとおり、はやる心は抑えられなかった。

突然のアリラン祭招待メールを読んで、真先に脳裏に浮かんだのは、この年の1月、アメリカのブッシュ大統領が北朝鮮を「悪の枢軸」と名指ししたニュースだった。恐らく、北は汚名挽回をするために、北の理解者、言い方を変えれば、人が良くて、騙しやすい外国人を招待して、北は安全で良い国だという宣伝をしたいにちがいない。

あわせて、この時期、日本国内の朝鮮銀行信用組合の破綻・統合のニュースが、新聞の片隅に報道されることが多く、3月には在日本朝鮮信用組合協会が解散したというから、日本からの送金が減って、財政難のはずである。つまり、招待の目的は「悪の枢軸」払拭のプロパガンダと、外貨稼ぎの二点に違いないと確信した。

こんなたくらみに乗ってくる外国人客は、北にとってありがたい存在で、少なくともこの客の心象を悪くするようなことを、するわけがない。こんな直感のようなものが、安心の根拠だった。

こんなとき、心配症というか、冷静な家族が1人でもいると、話は難しくなるが、社会人になった息子がアフガンの難民支援で3度目のパキスタン滞在をしているくらいだから、心の免疫はバッチリで、その点では気が楽だ。

そういえば思い当たるふしが

落ち着いて考えてみれば、メールについて、思い当たるふしがなかったわけではない。

北朝鮮が好きということは全くなかったが、当時、在日の人々と、コミュニケーションを持っていた。むずかしい外交や、政治的な問題解決を言う前に、同じ地域に住む隣人として、また異文化の人として、彼らと日常の生活レベルで交流することこそ、全ての基本になると思い、多少のお付き合いをしていた。たまたま近所の在日の方々に、韓国より北の関係者が多かっただけのことである。

公民館の調理室を借りて、地域の友人を誘い合わせて、朝鮮料理を教えてもらったことがある。米粉で作ったという、丸くて薄べったいお餅を入れた正月用の雑煮のトックや、お好み焼き風のチヂミに、きゅうりで作ったオイキムチ、韓国海苔の作り方など、日本人になじみやすいメニューだった。彼らのレシピは、それなりに異国のわざがあって、教えられることは多かった。食事のあとは、輪になって、朝鮮の踊りを教えてもらって、隣国の文化を楽しんだ。

いつもは和やかな話題を交わしていた在日コリアンのKが、2人きりになったとき、「結局、私たちは、何年間も滞りなく掛け金をかけ続けてきても、いざというとき、全く信用されていないということがはっきりした時は、悔やしかった！」と、保険会社に、不当な差別を受けた体験をふるえながら訴えたことがある。

「いざ保険金がおりるかどうかという時の審査は、日本人だってかなり厳しいのよ」と慰めたが、「それとは違う」と強い口調で抗議され、話は中断してしまった。彼女は朝鮮総連の役員をしていたということだったし、料理教室の打ち合わせなどで、メールのやりとりをしていたから、アドレスはそこから洩れたのかもしれない。

「私は全く知らないわ。Sなら事情を知っているかも。でも彼はアリラン祭で、すでに北朝鮮に行っていて、いつ帰ってくるかわからないなぁ」

Sは朝鮮総連の地元地域の幹部だと紹介されたことがある。そういえば、メールアドレス入りの名詞を渡したことがある。さてはSに違いないと思い、それで逆に安心した。Sとはその後、一度も会う機会もなく、確認するすべもない。

オモニの正月料理

彼らの新年会に招かれた時は、会費が明示されないので、それに見合った常識程度の祝い金を包んで参加した。

異国の地で、受け継いできた伝統の郷土料理を準備してくれたオモニ達は、すでに在日3世から4世という。意識的に避けるよう指示があるのか、彼らの問題意識が希薄になっているのか、曽祖父母や曾父母がどんな形で日本に来たかを語ることもなかった。

中華チマキ風の蒸した五目御飯や山菜を使った朝鮮料理は、どれもが丁寧に手がかけられていて、韓流ドラマ「宮廷女官チャングムの誓い」でみた宮廷料理の趣きさえ感じられる家庭の接待料理といった風だ。何種類かの小皿に盛られたものや、中華料理のように、大皿に盛られたものを、小さな銘々皿に取り分けるなどして頂いたが、半世紀を越えて、祖国の味を守ってきたオモニたちのこだわりが伝わってくる。珍しい山菜や木の実などの食材は特別なルートから入手するしかない。万景峰《マンギョンボン》号はこういう食材も運んでいるのだろうか？　彼らは民族衣装のチマ・チョゴリの晴れ姿で、接待してくれた。

都内の朝鮮学校の発表会に、誘われて、Kと電車で出かけたことがあった。ここには、朝鮮籍だけでなく、韓国籍の子女も学んでいる。参加者が多いためか、管理上のゆえか、校内ではなく、駅前の大きな日本の民間ホールが会場になっていた。

民族服を着た少年、少女が入れ替わり立ち替わり、舞台に登場して、歌や踊り、器楽演奏を披露する様子は、かつての日本の小学校の学芸会だ。ただし、児童・生徒の練習量はたっぷりととられているようだし、舞台衣装や大道具・小道具も半端じゃない。

帽子をかぶった10歳ぐらいの少年が登場した。帽子をサンモと呼び、五穀豊穣を祈る伝統芸能だと隣席のKが教えてくれた。サンモのてっぺんには、2メートルはあろうか、長いリボンが一本ついていて、音楽に合わせて、頭を小刻みに動かす。すると、リボンは広い舞台を泳ぐように弧を描き始めた。

「うまくなった!」

Kは大きな拍手を送る。彼女の子どもはとうに成人しているが、同胞の子らの成長を見守っているかのように、登壇する子の名前や特技をよく覚えている。

発表会の後半は、プロ級のお姉さん達の声量のある合唱や踊りも加わって、会を盛り上げた。

言語や習慣、母国の歴史を学ばせたくて、義務教育期間でも、遠くの民族学校に行かせようとする親の気持ちは、海外の日本人学校と変わらない。

「日本の子が私学を選ぶより、ずっと切実な思いで、朝鮮学校に通わせるのよ。教材も、教師の給料も、みんな親の負担だから、大変なんだけど」

「日本で生まれ、日本で育ち、日本で働き、税金だけは、日本人と同じように払っているのにね」

とあいづちを打つ。

発表会は、日本人はとうに忘れた暖かさがヒシヒシと伝わってくるのは、異国の少数民族として、生きる厳しさが、仲間の結束を強くしているからだろう。在日朝鮮・韓国人は、広い首都圏のなかでも、強いネットワークで結ばれている。

朝鮮学校通学費補助の陳情

彼らは日本の子供が義務教育期間を私学に通う場合に受けられる通学費補助を、朝鮮学校に通う子にも与えてほしいと地元の議会に陳情を出していた。私との交流が始まる前のことだったと思う。

1990年、国連の「子どもの権利条約」が発効し、わが国でも1994年5月から、効力が発生している。すべての子どもは、国籍を問わず、自国の国内法に従い、等しく社会保障の権利を有することがうたわれたことに、彼らは意を強くしていた。陳情提出には、朝鮮総連が後押しをしたことは想像に難くない。

子どもの人権を守る立場でいえば、提出された陳情を審議する市議会議員に、これを否決できる根拠もなく、賛成多数で採択された。

普通、議会で陳情が採択されると、その意味は大きく、行政に反映されるものだが、朝鮮学校へ通う子どもへの補助については、その後予算案として議会に、示されることはなかった。

これには政治的な立場から反対する多数派の議員が存在していることが容易に想像できたが、彼らは大っぴらな論争は避けて、ことを動かす習性があり、表面的には何が反対なのか見えてこない。

Kから尋ねられて、あちこち、探ってみた。文科省は朝鮮学校のカリキュラムが基準に満たないという理由で、私立校として認めていなかったし、朝鮮学校側も教科内容こそ、設立目的の命ということで、妥協はしない。

国の判断を根拠とすることが多い地方自治体が、そんななかで、補助金をつけることに躊躇するのはよくわかる。加えて、98年8月、テポドン1号が発射され、日本中が騒然とした。これが、朝鮮学校の補助を一層遠ざける格好の根拠となり、議会で採択はされたものの彼らの陳情は、実を結ばなかった。

事態がいっこうに動かない中で、陳情者は考えあぐねて、市に設置されているオンブズマンに調査を依頼する。オンブズマンは市の制度だが、専門家の弁護士に委嘱し、市民の行政不服の申し立てを受けて実態調査し、場合によっては、行政側に勧告する権限を与えられた中立機関だ。

日頃つきあいのあるKに、それまでの経緯の確認と善処について、相談を受けたので、2001年の12月、オンブズマンの調査結果を訊ね、行政側への働きかけとその対応について、議会で真相を質した。子どもの権利条約と、市独自のオンブズマンの制度を盾に、正攻法で迫ったので、行政側は他市町村の動向を気にしながらも、苦慮のあげく、補助金の設置について受け入れてくれた。

2002年度、「外国人学校児童生徒保護者に対する補助金」は議会を通り、予算化されたのである。金額は総額で20万円、微々たる額だ。小学校8万円、中学校12万円。外国人と総称したが、該当する保護者7人の全員が、事実上は在日コリアンで、朝鮮学校に通う小学生が4

人、中学生3人が対象になっていた。計算すると、小学生が年間で1人2万円、中学生が同じく4万円ということで、通学定期代の一部にはなるという額である。

ちなみに義務教育期間の私学への補助は、都道府県の管轄になり、保護者に直接支払われるわけでもなかったが、朝鮮学校は対象から除外されていた。

この通学費補助は同じ県内の市町村でも、地元に朝鮮学校を有する自治体では、以前からあったので、これが日本で第一号というわけでもない。ただこの時期に改めて、予算化したのは珍しかったかもしれない。

いずれにしても、彼らの喜びは大きかったようで、「金額の多寡が問題ではないの。私たちのことを考えてくれている市に心からのお礼をしたかったもので」と、年度末には、車いすが福祉課に贈呈された。彼らが欲しいのは、あきらかに金銭ではなくて、市民権だった。

この補助金もわずか、数年で財政難を理由に、一気に全額カットされてしまった。このころも今も自治体は、苦しい財政難が続いていて、今でいう〝事業仕分け〟を、早くから実施し、行政全体の事業費を精査するなかで、見直しカットが決定されたのだ。

年間20万円は市の財政の何ほどでもなかったろうが、ちりも積もれば山となる。少額カットは随所に見られた。

ある日、見知らぬ在日コリアンの訪問を受け、補助金の復活に尽力願いたいと口頭で陳情を受け、事態を初めて知った。補助金の全額カットの連絡は、議員より早く当事者に届いたようで、これも異例といえば異例なことだった。

事業費の見直しは、外部の民間専門家を交えて、公平に行われることが前提となっている。ここをいじることは、論議の見直しを根底からひっくり返すことになり、予算額の多寡にかかわらず、かなりの根拠が必要になる。

政治家の判断にはつねにその人自身の価値観が言動を決めるので、議会内で幅を利かせる強権議員だったら、「予算総額にひびきゃしないだろう」と強引な撤回方法もありうる。

だが、私は当初のこどもの人権という盾が、見直しの審議ではすでに武器になりえない空気を悟り、在日の彼の訴えがあったとしても、議会を動かすことは無理だと判断した。さらに言えば、5日間のピョンヤン・ツアーで、ただならぬモンスターのような朝鮮総連の組織力を背後に感じていたときでもあった。

「全額削られた予算の復活は、最初の時より、ずっとむずかしいことですよ」

「そうですか」

男は自信なさそうな抑揚のない返事を、一言発して、部屋を出て行った。選挙権を有しないことにもつながるのだろうが、彼らのロビー活動は、思いがけないほど淡泊で、誰かの指示で動かされていることや、この手の活動に不慣れなことが、手に取るようにわかって、痛々しかった。

北朝鮮訪問の案内メールは、時系列で考えれば、この予算がついて間もなくのことだった。偶然とは考えられない。アリラン祭もさることながら、北の教育施設も、人々の素顔も、この際、自分の目で一度は見ておきたい。観光でなくて、視察だと思った。

このピョンヤン訪問の4ヶ月後の2002年9月、当時の総理大臣小泉純一郎は、北を訪れ、国防委員会委員長金正日と会談した。その時のピョンヤン宣言には、「日本側は、過去の植民地支配によって、朝鮮の人々に多大な損害と苦痛を与えたという歴史を謙虚に受け止め、痛切な反省と心からのお詫びの気持ちを表明した」と、記されていた。

創氏改名や強制連行など、北朝鮮や韓国の人々に対して、大方の日本人が抱いている贖罪の気持ちを小泉は代弁している。そして、戦後は60万人の在日朝鮮・韓国人が、過去を引きずり、不本意にも日本人名を名乗らなければ生きていけなかったり、指紋押捺を義務付けられた時代を経て今日に至っている。私が抱く彼らへの関心はその時代から続いていた。

北朝鮮訪問から帰国した後は、在日の人たちからの誘いがぷっつりと切れていた。これは脱北者の報道や正日が拉致を認めたことによるものと思われた。というのも、北がテポドンを発射した時、人の良さそうな朝鮮学校の校長がテポドンの責任をとるかのように、「困ったことをしてくれた。私たちには事態が何もわからず、説明ができないのです」と、頭を抱えて、逃げ腰の様子だったからだ。

「在日の方に、何も責任はないですよ」と激励した記憶がある。そんな善良な彼らの態度から想像するのに、今や日本人に合わす顔がないと思っているに違いない。

偶然かもしれないが、となり町にあったアパートの一室の朝鮮総連の事務所は、気がついたら、アパートまるごとが消えていて、あたり一帯は、住宅街に変身していた。そんなわけで、彼らとのつきあいも今は、すっかり沙汰闇になり、Kだけとは年に一度の年賀状を交換している程度のつきあいを続けている。

一番大きな理由は、ピョンヤン訪問2年後に、私は議員を辞めたので、権限を失ったと思い、彼らが近づいてこないのかもしれない。

新潟空港から出発

北朝鮮に向けて発つ新潟空港は初めてだった。ガラス越しに、一望できる日本海の豊かな波が、人間の視線などまるで意識していないかのように、のたり、のたりと打ち返していた。

待合室で、参加者が初めて顔をあわせた。一行は全部で19人と知って驚く。申し込みの時、あんなにあせったことがおかしかった。旅の団長はNGOの事務局長で、50代の手前だろうか。韓国の元大統領の盧泰愚《ノテウ》に似ている。

彼こそが、この旅行を北と協働企画で実現させた人物だ。北に通じている彼の簡単な注意事項や説明を要約するとこんなことだった。

私たちは北朝鮮と呼ぶが、彼らは朝鮮民主主義人民共和国を正式な国の呼称としていて、決して北とは言わない。

彼らの地図には、南北あわせた朝鮮半島全体があり、これを単にコリアと呼び、首都はピョンヤンという。

韓国の話をしてはいけない。

日本語のわかる人は多いので、北朝鮮についての批判や悪口に気をつけること。
ホテルの電話はすべて盗聴されている。
日本円をそのまま使えるので、小銭も用意しておくべし。
また事前の注意事項として、携帯電話は持ち込み禁止とあったが、「どうせ、使用はできないし、没収されるより、空港のロッカーにでも置いていったほうが良い」と再度注意を促された。話の内容はかなり重いが、団長の軽妙な話し方のせいか、目前に迫った旅への期待と好奇心がたかまる。

参加者の誰が主催団体NGOのメンバーかはっきりしなかったが、自己紹介によれば、すでに北朝鮮の支援をしている人、これから北で事業を始めようとする人が多かった。40～50代の働き盛りの男性が大半で、女性は5人。私を除けば、全て団長と繋がりがあるらしい。

紹介が済んだあと、初対面の団長に近づき、「どこで、私のメールアドレスを？」と、聞いてみたが要領をえない。質問を充分理解しながらも、ユーモラスな変化球で巧みに的をはずす。ストレートで追及型の私には手におえない。頭がよく、なかなかのやり手のようだ。役人かお堅いビジネスマンでも続けていたら、こんな柔軟思考はとうにつぶされているはずだ。

事務局が何通の案内メールを発送したか定かではないが、あのメール一本で北朝鮮行きを決めたのはどうやら私ひとりらしい。

この時、配布された旅行社の観光栞に、「マスコミ、報道関係者は参加できません。偽って参加された場合、弊社は一切の責任を負いかねます」とあった。北は情報の流出には、神経を尖らせているようだ。この一文を目にした時から、訪朝記を発表することを念頭からふりはらっていた。

ＮＧＯ団体や団長はじめ旅行仲間に迷惑がかかっては申し訳ないという気持ちが先立っていた。しかし、これももう時効だ。正日のあと、体制は崩壊するのか、引き継がれていくならどんな形で継続するのか。センセーショナルな情報や推測が飛び交う昨今、あまりにも知らされない国について、かいま見たことだけでも、真実を伝えていくことに意味があると思い始めた。

目つきの鋭いロシア美人

地図で見ると、新潟―ピョンヤンの距離は、東京―ソウル間とほぼ同じだ。２時間半はかかるまい。ウラジオストック航空のチャーター便は定員１６０人のジェット機で、新潟空港を予定通り、夕方５時に飛び立った。眼下の佐渡ケ島が姿を消すと、心は一気に未知の国ピョンヤンへと移った。ところが、チャーター機が着陸したのは、ロシアのウラジオストックという。

「エッ！　なんで？」

「燃料補給のため」と団長。旅行案内にウラジオストック空港経由とあったのを見落としていた。

タラップを降りると、冷気が顔をなでる。日が落ちるにはまだ時間があったが、陽光は隠れ、あたりは寂しいモノトーンの世界だ。空港のはるか向こうの針葉樹林に、カナダのバンクーバー空港を重ねた。地図で調べると、ここはロシアの南端で、中国、北朝鮮の国境とも近く、札幌と緯度がほぼ同じだ。名前こそ知っていたが、近くて遠い町はいっぱいあるものだ。

空港スタッフは、明らかにロシア人で、兵士のような制服に身を包んでいる。冬の外套用の分厚い生地で仕立てられた濃紺のパンツスーツをキリリと身にまとった女性は、すらりと背が高く、美人で、目つきに隙がない。何事も好奇心。思いがけずロシア領に足を入れることになって、何か得をした気分がしてきた。

一時間以上は待たされた。殺風景な待合室で、隣り合わせた初老のひげの男性が、1人きりの私に何かと語りかけてきた。現役時代には、責任ある地位で仕事をしてきたに違いない。風格がある。

「ほとんど世界中を旅してきましたが、北朝鮮は初めてです。一番好きな国はアイルランド。あそこの国の人は優しい。悲しい経験をしたから、優しいんでしょうね。ところで、私たちの○○ホテルはここにあるけど、あなた達はどこのホテル？」

拡げたピョンヤンの市街地図には、赤鉛筆の印が入っていた。

「え〜と、さっき、飛行機に乗る前に、ホテル名が伝えられたんですが、どこでしたっけ？案内書には、〝羊角島国際ホテル〟か、〝平壌青年ホテル〟とありましたから、その二つでないことだけは確かです」。バッグの中からメモを取り出すまでもないと思い、そう答えた。

「どこのホテルもみんなピョンヤンの中心地に近いところですよ。アリラン祭の期間中、2ヶ月間は、日本から北へチャーター機が続いていますから」

地図のこと、ホテルのことから、チャーター機のことまで、この旅行に関する情報が多い人だ。北と連絡をとりあい、団体を引率する立場の人かもしれない。

彼はどんな団体のどんな人物なのか、なぜ北朝鮮に行けるようになったのか、実は一番知りたいことだったが、聞けなかった。自分自身が立場を説明できる自信がない以上は、とても、相手につっこんだ質問をすることはできない。

わが団長から、所属ＮＧＯについての説明を個人的に聞くことができたのは、旅も終わるころだった。「北の体制を支援しているわけでありません。一部の指導者と一般の国民は異なります。国民に罪はありませんから、彼らが貧しさにあえいでいるのを人道的に救済するだけのことで、ＮＧＯは一般の人々と架け橋を作っていきたいと考えています」。

いつになく、至極真面目な顔で説明してくれたが、帰国後、団長やＮＧＯ団体から、北朝鮮支援の応援を求められたことは一度もなかった。それでも、めったにないチャンスに遭遇できた旅の感謝の意をこめて、何か応援はしなければと考えて、ネットを検索していると、別の国際的な北支援のＮＧＯの報告に出会った。

送ったミルクや食料品が、目的の乳幼児には配布されていなかったとするリポートだった。調査団の目をなんとかごまかそうとする当局と、現地調査でのやりとりがリアルに表現されていて、信憑性が高かった。

こんなことがあるので、彼らもＮＧＯ活動を続ける気力を失ってしまったのかもしれない。勝手にこんな解釈をして、彼らとは連絡を絶って、そのままになってしまった。

第2章❖
夜のピョンヤンに到着

▼旅の初めに案内された、高台から見下ろすピョンヤンの住宅街。

真っ暗な空港に街灯二つ

目的地のピョンヤン空港に到着した時刻は、予定を大幅に遅れ、夜の9時半をまわり、あたりはすっかり暗くなっていた。ここは、ソウルと同じで、日本とは時差がない。

広いはずの空港敷地内には、わずか2本の街灯があるきりで、あたりは真っ暗だ。空港施設の中央に掲げられている金日成《キムイルソン》主席の大きな肖像画だけが、ライトアップされ、闇に浮かびあがっている。主席は8年前の1994年7月にこの世を去っているが、このあとの滞在中、大きな施設、建物、道路脇など、彼の大きな肖像画や銅像が、いたるところで、目についた。

後継者である現役の息子、金正日《キムジョンイル》

総書記の肖像画より、主席の方が数は圧倒的に多い。２人が並んで掲げられていることもあり、どちらも、若い40～50代のころのものなので、知らないものには親子には、映らない。もっとも、北にいる人間で２人を知らない人はいないだろうが。

日本の朝鮮学校の教室の中央正面にも、金日成のカラー写真が掲げられていたが、時代を反映してか、この旅行の直前の頃、はずされている。

大型観光バスが空港内で待っていた。日本でもよくあるタイプだ。フロントガラスには大きく二桁の数字が貼られていた。運転席は左側で、車は右側を走ることになる。

２人がけの座席に、１人ずつ、19人の一行は、ゆったりと贅沢なスペースを確保して、座席に身を沈めた。この時から、帰るまで、私はバスの中では、つねに1人だったため、初めて見る光景を眺めながら、気軽に相づちを打ったり、感想を述べ合ったりすることはほとんどなかった。

共和国を何回も訪問している団長が、「立派なバスを揃えたな」と、大きな窓ガラスの車内を見回し、感心したように、独り言をつぶやく。

男女2人の通訳ガイドが、同乗した。30代後半の男性はキム、専門学校を出たばかりという女性はハンと名乗った。2人はこの時から、朝鮮民主主義人民共和国の使者として、私たちの滞在中、ずっと世話をしてくれることになる。

キムもハンも、日本語は学校で学んだという。キムが80点なら、ハンは60点というところ。発音は外国語としての日本語で、ネイティブのような日本語ではないことに、ホッとした。なぜなら、韓国の旅行で、日本人と変わらない発音で日本語を話す老人に出会い、日本語を強制されたと聞かされ、戦争の傷跡を見せつけられた思いをしたからだ。

取り上げられたパスポート

2人の自己紹介が終わると、ハンは、揺れるバスの中を歩いて、まず私たちのパスポートと帰りの飛行機の搭乗券を集めた。帰国後、私がこの件について、友人に語ると、誰しもが口をアングリ。「みんなだまってそれに従ったの?」「拉致か拘束されると思わなかったの?」「預けている間に、パスポートをコピーされて、犯罪に使われる可能性だってありうるよ！　ほら、大韓航空の爆破事件だって、日本人のパスポートが使われていたでしょう？　これから事件に巻き込まれるかも。心配がつきまとうね」

あきれられたり、叱られたりで、まったくその通りだが、なぜか、バスの中には、そんなためらいの雰囲気はなかった。私はといえば、１９７５年、生まれて初めての外国、メキシコに10日間滞在したとき、大事なパスポートをなくしたら一大事ということで、旅仲間の大半が添乗員に預けたことを思い出していた。

今では、パスポートは自己責任で管理するのが当たり前だが、あの時は、有名旅行会社の添乗員の方から、親切に呼びかけられてのことだった。いろんなことで、タイムトンネルをさかのぼっていたので、特別警戒心を抱くような心境にはなかった。

それより、気になったのは、ピョンヤン空港の税関でパスポートにスタンプが押されなかったことだ。帰国のときも無論、スタンプなしで、私が北朝鮮を訪問した事実はパスポートには、まったく記録されていない。新潟空港を出発したときのスタンプと帰国したときのスタンプだけで、新潟空港でこれが何も問題にならなかったということは、北へのチャーター便はみなそうしているということだ。

「なぜ？」

「国交のない北のスタンプ跡がのちの旅行の妨げになるといけないから」

つまりは親切心からだと団長は説明するが、国際法上どういうことになるのか。そういえば、パスポートには、渡航先として、〝北朝鮮（朝鮮民主主義人民共和国）を除いた全ての国や地域〟

と記されていたような気がする。生まれて初めてパスポートを入手した当時は、広い世界の中には、わけもわからない人食い人種だっているかもしれないのに、お隣の北朝鮮だけには行けないという表記には合点がいかなかった。

今回、外務省の旅券課で確認すると、1991年の4月1日から、北朝鮮除外の文は削られたとのことだ。

かつて、北朝鮮には大使館もなく、邦人に何かあった場合に、どこも面倒をみることができなかったが、北京から北朝鮮への直行便ができて、北京大使館が北朝鮮の邦人についても、面倒をみることができるようになったからという。

バスは暗闇の中を走った。途中、街灯や家から洩れる光は皆無で、窓の外は、どんな景色が広がっているのか、見当もつかない。

「許可のないところで、写真は撮らないように。街には兵士が多いが撮ってはだめ、一般の人も許可を得てから撮るように」とキムは、旅行中の注意事項を説明する。「おー、こわ！」もちろん、声にはならない独り言だ。

五つ星「平壌高麗ホテル」

バスのなかで、この日の宿泊は、「平壌高麗ホテル」と発表された。フライト直前に、当初の予定から、別のホテルに変わったと、団長から伝えられていたが、そのホテル名を覚えないうちに、また別のホテルに変わったことになる。留守宅に伝えておいたホテルがそうそう変更

◀平壌高麗ホテル　全景

されたら、困る人もいるにちがいない。

到着した高麗ホテルは、1985年に建設されたというから、日本のバブル期にあたる。広い奥行と高い天井で、ロビーは、落ち着いた色調のせいか、どっしりと重厚な雰囲気をかもしだしている。通訳のハンが、「ここは、外国人専用で、地元の人は利用しない」と、そっと個人的に教えてくれた。のちに拉致問題で訪朝した小泉純一郎が記者会見した場所とも聞く。いわば、北朝鮮の五つ星ホテルということだ。

ロビーの入り口付近で、一行はあらためて、通訳キムの説明に耳を傾ける。部屋番号はすでに、バスの中で発表されていたので、シングルルームで、頼る人もない私は、あわててメモしたが、ホテルに着くや、その部屋が直ちに撤回されて、再び新たな部屋番号が言い渡された。理由などの説明はもちろんないし、なぜと聞く人もいない。

翌日からの旅行日程も、天候しだいで、毎朝、発表されるという。予定はすべて未定だ。硬直した国家の下で、決定権をもつ人が遠く高い位置にいるからか、情報交換をむずかしくするためか、よくわからない。出された指示に素直に従うしかない。

外国に到着して、まず行なうことは、円を通貨に換金することだが、ここでは円が通用するし、第一、買い物をする場所もないし、お金を使うこともないので、不要だとあらためて言われた。

ピョンヤン高麗ホテルは、英語でＰＹＯＮＧＹＡＮＧ　ＫＯＲＹＯ　ＨＯＴＥＬと表記されている。〝高麗〟を日本語ではコウライと読むが、韓国・北朝鮮の人は、コリョと発音し、英語のＫｏｒｅａはこの音から来ている。10世紀の前半（９３６年）、朝鮮史上初めて半島を統一した国の名前で、高麗大学は韓国にある名門校だ。
日本にも同じ漢字で、埼玉県に高麗川《こま》、高麗《こま》神社があり、半島が統一される以前に、高麗人が移り住んできた地域で、深いつながりがある。

ホテルのレストラン

ホテルの到着が遅かったため、最初の夜の食事は、部屋にも行かず、キムの案内で、ロビーからそのまま揃ってホテル内のレストランに移動した。この時から、私たちはつねに団体行動で、ホテルを一歩出れば、決められたバスに缶詰めにされて移動し、自由行動の余裕はなかった。地図を持って、好きなところを自由に歩くのは、海外旅行の醍醐味だが、それ以上の醍醐味というか、スリリングな場面が期待できそうなので、これもよしとしよう。

エスカレーターを上がった2階のレストランは、２００席もあろうか。高い天井には、豪華な照明器具が備えられ、大宴会場の広さだが、そこにはなぜか無言の静けさが漂い、くもの巣こそ張ってはいないが、久しぶりに開店したような気配が漂う。客は片隅の私たち一行だけで、大きな円形のテーブルに3つに分かれて、着席する。

行動日程によれば夕食つき歓迎宴とあるが、誰が歓迎してくれるというのか？　そんなことより、新潟空港で昼食のカレーライスを食べてからすでに、9時間以上は経過していて、空腹が先にたつ。

やがて、一流レストランのならいで、黒のタキシードに身を包んだウエイターが直径60～70

▼高麗ホテルの部屋から見える景色。

センチもある分厚い皿を運んできた。運ぶ姿勢は、ごく自然で、それなりのマナーを身につけていた。ところが、最初に運ばれたその大皿の一品に、私の目は点になった。

野菜とイカの炒めものだが、イカは足も、三角の頭も大きくザク切りされていて、もちろん皮はついたままなので、野菜全体が紫色を帯びて、見るからに大慌ての家庭の惣菜だ。このあと、マーボー豆腐風スープ、鱈《たら》のから揚げ、ハムかつ風の揚げ物、サツマイモのてんぷら、キムチ、白いご飯などが次々と運ばれる。大ぶりの揚げ物がごろんごろんと、しゃれっけもなく大皿に盛られていて、中華料理のように、それぞれが手をのばして、箸で手元の小皿に取り分ける。ここには、在日のオモ

ニのこまごまとした伝統の手作り料理の面影は全くない。さつま芋のてんぷらだけは、5ミリ角のさいころ状に切って掻き揚げにしているのが、しゃれていたが、残念なことに、これも大輪の紫陽花のように大きくて、大皿の上にボッテリと鎮座している。

大井の白米は、米粒の形がやや崩れ、粘りに欠けてはいたが、かつて日本で、標準米とランクされた廉価なものと同程度だった。

ケニアで開かれた女性会議のランチタイムで、「日本人ですね。ぜひ聞きたいと思っていたことがあるの」と同じテーブルのヨーロッパの女性に声をかけられたのを思い出した。

「日本人って、ごはんを二本の箸で食べているでしょう？　なぜパラパラ落とさないで、箸で持ち上げて、食べられるの？」

「……」

「箸の使い方に何か秘訣があるのかしら？　とっても不思議！」

そうか。彼らの食べるお米はインディカ米で、パラパラしているので、パエリア、ピラフ、リゾットなど、スプーンでなければ、確かにこぼれてしまう。

「日本のお米は粘りがあって、米粒がたがいにくっついています。それで二本の箸でも持ち上げられるのですよ。箸の使い方もこどもの時から使っていて、上手とは思いますが。お米の種類が違うのです」

彼女はにっこりと頷いてくれた。

米を野菜の一種に扱って、調理する欧米人とちがい、米だけで白飯を炊き上げ、箸で食べる朝鮮の人々はなんと言っても、日本人と同じ仲間だ。

スプーン（さじ）は柄が長くて、韓国料理でもおなじみだが、形は似ていても洋食器のスプーンとは異なった趣で、中華料理のレンゲとも違うから、シルクロードを渡ってきたとは思えない。日本のスプーンは太平洋やユーラシア大陸を飛び越えた、欧米直輸入なのか。

空腹は最大のごちそう。シャンデリアの下でタキシードのボーイが運んでくれたからといっても、北朝鮮の食糧事情を忘れてはいけない。私たちのホテルの食事は、この国の人にとって、途方もなくぜいたくなはずだ。この国を旅行して、日本に比べて、おいしいの、まずいの、安いのと、能天気なことばかりいうのは慎まなければいけないと戒める。さすが、北を支援する

ＮＧＯの関係者だけあって、つましい食事にブーイングの声はなかった。

ピョンヤンで初めて迎えた朝、バス・ツアーのしょっぱなに、展望台に案内された。そこから一望したピョンヤン市街は、灰色のコンクリート製の中・高層住宅の群れが、視界の届く限り、整然と並んでいて、絵葉書きのように美しかった。超高層ビルが、色彩もとりどりに競争するように、林立する西側諸国の雑然とした大都会と比べたら、広大な町全体が一つの計画の中で調和していて、はるかに落ち着きがある。

ヨーロッパのゴシック建築とか、パリのアパートのベランダの模様のように、個性的な装飾がこらされているわけでもない。ひとつひとつを見れば、質実というか、シンプルで、何の変哲もないコンクリートの建て物にもかかわらず、これほどの美を感じるのは、マスゲームと同じ効果で、はるか遠くから見て、おびただしい数の建物全体が見事に揃っているからだろうか。

町が建設された当初、ここを眺めたら、東西両陣営の競い合いは、どちらに軍配が上がるか、結果が見通せたような気分で、壮大な実験に、胸をときめかしたに違いない。革命の理想に燃えて、都市づくりに着手した時代をほうふつとさせる。これらの建物には、一般住宅もあるというから、よく聞くように、エリート高官が住んでいるのだろう。

かつて漢字の音読みでヘイジョウと読んだピョンヤン（平壌）は、高麗よりさらにさかのぼった紀元４２７年、日本がいまだ日本という呼称もない、古代倭国の時代に、高句麗の都となっている。秀吉の朝鮮半島侵略に際し、当時の明が自国を守るために、応援の兵士を派遣して、秀吉の兵を撤退させた地点がピョンヤンだったという。ある時は、日本と中国を結ぶ廊下になり、またある時は両国を遮断する壁ともなって、東アジアの長い歴史を見つめてきた舞台である。

みはるかす整然とした建築物の海は、静かにピョンヤンの長い歴史を語りかけている。

出会いもふれあいも排除され

北朝鮮は、1990年代の後半ごろから、春は干ばつ、夏は洪水、秋は台風と天に見放されたかのような自然災害に見舞われ、深刻な食糧不足に悩まされて、10年以上がすぎている。物価は高騰し、穀物は公共配給制度で支給されているが、WFP（国連世界食糧計画）は、国際的なカロリー摂取量の半分に満たないと報告している。ただし張本人の「北」自身はこのような窮状を公表していないし、観光案内をする通訳のキムやハンも、そんな様子をおくびにも出さない。

北朝鮮と同じように、物資不足であえぐ社会主義の国キューバで、現地の日本人ガイドに、公共配給所を案内してもらったことがある。

ホテル近くだったが、観光客が気づかない路地裏の小さな配給所はがらんどうで、100平方メートルほどの床はコンクリートのたたきになっていた。建物の中の粗末な台は、配給の肉を並べる場所だと説明された。すでにこの日の配給は終わっていたため、人影はなかった。時刻は午前10時をまわっていたと思う。ピョンヤンにも、そんな配給所があるにちがいないが、この国では舞台裏の台所など決して見せるはずもない。

食事につきもののアルコール類は、ミネラルウォーターとあわせて、ビールやお酒、ワインがついていたはずだが、残念なことに、アルコールの種類も味も銘柄も全く思い出せない。すべて一括の旅費に含まれていて、料金を別途徴収されることもなかったせいか、最大の原因はアルコールでおしゃべりが盛り上がるような機会がなかったからにちがいない。

4泊5日の旅を過ぎてみて、出された食事の食材が極端に限られていたのに気づく。米飯と、じゃがいも、人参、きゅうりなどの野菜類の他に、卵、鶏肉、豚の細切れのたんぱく源が代わる代わるに登場し、魚の鱈は毎回、姿を変えて登場した。

この国で豊かな食品の数や量を期待するつもりはないが、特筆すべきは、どこで食べても、庖丁さばきが雑で、客を意識した盛り付けの配慮がまったくないことだった。

貧しくても調理人の手のかけかたや、店員の応対で、心のこもったもてなしというのは可能なはずで、言葉の通じない海外旅行でも、愛想が良い店員やシェフと交流のできた食事には、楽しい思い出が残るものだ。ここでは、食事中の交渉ごとは、一切ガイドの任務で、残念ながら、店員の姿も記憶の向こうに消されている。地元の食材の不足よりも、コミュニケーションの不足こそ、この国の食糧事情を貧困にしていると痛感した。

「みなさん！　犬肉の料理を食べたことがありますか？」。キムがいたずらっぽい目で聞いた。

「キャア！　犬！」。女性の声があがる。

「旅行中の食事に入っているかもしれませんよ」

「フランスに行けばカタツムリを食べるんだから、驚くことはない！」。ふんべつ親父の説教が飛ぶ。わかっていたって、犬の肉なんて食べたくはない。食べ物は習慣だ。

ホテルの朝食を除けば、昼と夕食を、それぞれの専門店にバスで乗りつけた格好になるが、不思議なことに、いつも、他の客と一緒になることはなかった。我々旅行団はやんごとなき人たちとして、特別な処遇を受けたのか、治安と管理のためなのか。旅行のお誘いメールには、〝日朝間の市民レベルでのふれ合い活動を実現させるための第一歩として〟とあったが、現地の人とは、出会いの期待も、ふれあいの楽しさも、徹底的に排除された旅行だった。

無愛想な盛り付けの例外は、冷麺だった。「今日のお昼は皆さんお楽しみの冷麺です。日本とどっちが美味しいか比べてみてください」と、キムも自信たっぷりに説明する。

こじんまりしたヨーロッパ風レストランの2階には、陽光が射し込んでいて、珍しく室内が明るい。テーブルには、真っ白なクロスがかけられ、バラの花柄のランチョン・マットに小ぶりのビール・グラスや、ワイン・グラスが並んでいる。間もなく、運ばれてきた冷麺は、ブロンズ色の真鍮の器に、たっぷりのスープがはられて、透明の麺の上には、野菜や卵、ハム、えびなどのトッピングが、彩りも鮮やかだ。ケーキのモンブランのようにうずたかい盛り付けは、見るだけでも充分のごちそうだった。

大同江《テドンガン》の船上バーベキュー

食事で一番楽しかったのは、市内の中心地を流れる大同江《テドンガン》という大きな川の船上バーベ

▲冷麺。珍しくカラフルで、盛りつけにもこだわりが。

キューだった。川の流れは、そのまま黄海（「北」の地図には西海とある）に注ぎ、東シナ海に繋がっている。ピョンヤンが古来、半島の重要な地点であり続けたのは、この川のおかげだと、地図を広げて確信する。

20トンほどの船は、エンジン音が聞こえていたような気がするが、遠くに見える金日成広場の主体《チュチェ》思想塔の位置がいつまでも変わっていないから、はたしてゆっくりと動いていたのかどうかも、定かではない。川幅は100メートル近くはあろうか。川岸には、新緑の柳が静かにゆれている。

4人テーブルで、私の前に座った人の良さそうな男性が「ドナウ川を思い出しますなぁ。なかでもブダペストのドナウはきれいでしたよ。日本では朝鮮が恐ろしい国という報道ばかりだけど、ここにくると、みんなゆったり、のんびりしていて、認識が変わりますなぁ」

と話しかけてくる。

「のんびりと？　そう感じますか」。思いがけない言葉に、つい聞き返してしまった。

「町の人はみんなのんびりじゃないですか」と、彼はあたりをみまわす。柳の下を、ぽつり、ぽつりと歩く人の姿は、確かにセカセカという感じではない。

「川の流れも、風に揺れる柳も確かに、ゆったり、のんびりですけどねぇ」

話はここで、途切れる。

日本でも度々登場する北朝鮮中央テレビの女性のアナウンサーの話し方は、いつでも仰々しく力んでいるが、日常的にも、朝鮮語のイントネーションはかなりきつい。ホテルの狭いエレベーターで、居合わせた男女のやりとりは、けんかのように感じられたが、あれが普通の会話なのだろうか。ガイドの口調もきつくて、時々叱られているように感じるが、決して叱られているわけでない。それでも、時々、怒っているような激しさにたじろぐこともある。

▼大同江（テドンガン）の橋の欄干。金曜日の昼下がり。散歩する人もいない。

これらの会話の抑揚とあわせて、街には、戦う兵士やこぶしをふるう民衆の姿を描いた絵や彫刻がふんだんにあるものだから、険しい民族の空気を感じるばかりだが、同じ場所を旅していても、のんびりしていると受け止める人もいるのだ。親朝派作りをねらったにちがいない、この旅の企画もまんざらじゃなさそうだ。

焼肉の味は今ひとつだが、水上のバーベキューは、青空の下の環境が最高のスパイスだ。おなかが一杯になって、大きなどんぶりに盛られた４人分の白いご飯は食べきれない。焼きおにぎりを思いつき、ペットボトルの水を手に付け、小さな三角おにぎりをいくつも作り、食事にはつきものの味噌をまぶして、焼いたら、こんがりといい匂いが漂う。あちこちのテーブルから声がかかる。「どうぞ、どうぞ手前味噌がついてま～す」と、フッーのおばさんに戻って、みんなにふるまった。仲間とうちとける機会がなかった私には、とりわけ楽しい思い出になった。

その晩、ホテルにもどって、あんなに無理してご飯を食べなくても、日本のように捨てられることはなかったと思い至り、調子に乗りすぎたことに1人恥じ入った。

電気のつかない豪華な客室

ピョンヤン到着の最初の夜に戻る。レストランの夕食を終えて、みんなで、ホテルの部屋に向かった。仲間より早くエレベーターを降りたので、私の部屋は、1人だけフロアが下であることがわかった。4泊で、2万3000円増しの旅費は払ったものの、1人部屋だ。条件が悪くても、文句は言うまい。

人気《ひとけ》のない長い廊下を歩いて、部屋の鍵を開けた。玄関スペースにスーツケースはすでに届いていたが、さらに部屋のドアを開けると、思いがけない光景に「アッ!」と驚く。

何と広い応接室! ソファが5~6脚も並び、デンとしたキャビネットのガラスケースの中には、5~6人分の大皿、小皿、グラス、コーヒーカップ、銀製のスプーン、ナイフ、フォークなどが揃っている。応接室の左手奥には、さらに広い部屋が続き、真ん中にダブルベッドが見える。右手奥にも部屋が続いている。どっしりとしたデスクの背後には大きな本箱がある。書斎というより、テレビドラマに登場する社長室か高級官僚の執務室という雰囲気だ。空っぽの本箱がドラマ以上にリアリティがある。分厚い本でも100冊以上は並びそうだ。「今宵のあるじじゃ! エッヘン」咳払いをして、立派な椅子にふんぞりかえってみた。肘のついたこんな立派な椅子に座ったのも初めてのこと。デスクの前には、部下と打ち合わせをするための

▲高麗ホテル　書斎のソファ

応接セットもある。3つの部屋は、全部あわせて、150平方メートルは下るまい。ひとりじゃもったいない。友達を何人も招きたくなる部屋だ。

それにしても、この部屋、どんな人がどんな使い方をすると想定しているのか？　これまでに誰が座ったのか。日本の要人が、必要図書や書類を並べて何週間も滞在するというのか？

一体、全体、こんな超豪華なスイートルームに私1人で！

「なぜ？　高齢者をいたわって？」

部屋割り決定者と思われる団長が、表情を緩めたので、さらに尋ねる。

「うるさい女だから気を使った？」

「どう考えるのも、ご自由に～」

例のごとく、笑ってごまかされた。恐らく、団員を引き連れてきた団長の労苦に敬意を表して、特別室が一つ用意されたのだろう。それを回してくれたに違いない。いい団長だ。これが自由に考えた末の結論である。

実は彼は私に弱みを握られている。新潟空港でエスカレーター移動をしているとき、何段か上の方から、参加者の中で一番若くて、美しい女性の名前をあげて、彼女のお尻をさわったら、どうのこうのと冗談交じりの大声が聞えてきた。声の主は紛れもなく団長だ。結団式を終えたあとで、彼の軽口はすでに承知していたが、「日本ではそういうのをセクシャル・ハラスメントっていいます。法律で罰せられますから、朝鮮でもこれは適用してください」と、エスカレーターを降りてから、ピシャリと警告したのが、功を奏したに違いない。口は幸せのもと！

シンデレラ気分もつかの間、確か明るかったはずの応接室の電気がつかない。ゆったりとしたベッドルームも同じだ！　フロントにあわてて電話をしようと思ったが、待てよ、新潟空港を出発する時の注意事項を思い出した。

「皆さん、懐中電灯は持ってきましたね。お風呂に入っているときでも、トイレの中でうなっているときでも、停電はしょっちゅうあります。素っ裸や、丸出しのお尻で、懐中電灯を探しまくることがないよう、いつでも取り出せるところに置いといてください」

団長の軽妙な語り口は、シリアスな現場で鍛えられているうちに、習得した武装にちがいない。スーツケースから懐中電灯を取り出して、ベッドルームを見回す。

豪華なスウィート・ルームにもかかわらず、ワンルーム・マンションにあるようなちっぽけなバスタブとトイレが、寝室の片隅に、隠れるように並んでいた。

ありがたいことに、浴室の照明は点いた。お湯も無事に出たので、持参したタオル、石鹸、シャンプーなどを用意して、バスタブにつかりながら、考えた。明かりがどうしても必要な玄関ホール、バス、トイレ、書斎には、照明がつく。そうか、これは、照明灯が壊れたのではなく、意図的に消灯しているのだ。

日本でも、最近になって、省エネキャンペーンで、七夕の晩はライトダウンを呼びかけているが、それに先んじていたわけだ。

深夜に鳴り響く電話

それにしても、こんな豪華な部屋に、1人で泊まれるなんて、二度と経験できない贅沢だ。暗闇ごときにめげずに、楽しまなきゃ。

もう深夜の12時をまわっていたが、宿泊先のホテルも変更したことだし、こんなおもしろい話は、一刻も早く、なまなましく留守番の夫に伝えたい。そうだ、盗聴されているわけだから、表現には気をつけて。ホントのことは帰国して話せば、おもしろさは倍になる。

懐中電灯の電池が消耗していたのか、暗くて、プッシュ式電話のボタンの数字がよく見えない。手帳にメモした国際電話のかけ方手順はさらに読めない。シンデレラ気分もどこかに、持参したしわしわのパジャマで、豪華なダブルベッドの脇にしゃがみこみ、片手で懐中電灯を動かしながら、残る手で必死に電話機と手帳の文字を探る。

マニュアルどおりに、操作しようとするが、受話器を上げてプッシュボタンを一つ押すや、けたたましい呼び出し音が、応接間から、書斎から、一斉に鳴り響く。

受話器を置くと、呼び出し音はとまり、あたりに深夜の静寂が戻る。何回やっても同じだ。こんな電話の現象は初めてのことで、一体なにがどうなっているのか、メカ音痴の私には全くわからない。これじゃ、フロントも呼び出せない。繰り返すうちに、ここは北朝鮮、日本の常識が通用しないところだとしみじみ思えてきて、あきらめた。

高麗ホテルに、結局4泊したわけだが、不思議なことに、ルーム・サービスのスタッフには、一度も出会わなかった。廊下を歩いていても、人影はない。同じフロアに泊り客がいるのだろうか？　部屋の清掃やベッドメークを毎日キチンとしてくれる人は、どんな人だろう？　女性？　男性？　何歳くらい？　1人で？　複数名？　いでたちは？　彼女（彼）は荷物や部屋の使用ぶりから、客は女性1人とわかっているはず。宿泊客は金持ちマダムかって？　そんなことはない。日本ではスーパーのバーゲン・セールを楽しみにしているフツーのおばさんだ。

それでも日本から持参したクッキーくらいはプレゼントしたかった。チップもいらない国だから、部屋の目立つところに、お菓子の箱と果物を出しっぱなしにしておいた。持っていってくれればいいと思ったが、帰るとそのまま手はつけられていなかった。何かメッセージでも書いて置いておきかったが、ハングルは全くわからない。意思疎通の手段がみつからないので、部屋を出る最後の日に置くことにした。

旅行ケースには、懐中電灯のほか、ティッシュ一箱と、ロールペーパー一巻、パジャマ、タオル、石鹸、歯ブラシ等の洗面用具などを必需品として持ち込んだ。観光は、お墨付きの有名な国家施設ばかりだったが、どこのトイレもロール紙は切れていた。ホテルでも、4日間で補充はなかった。それでいて、ぬれた手を拭くために、電気乾燥機がたいていの施設に設置されていたのは、信じられない話だ。お金の使い方、エネルギーの使い方の優先順位は、個人なら人柄を、国家なら政治の質を表している。

個人的なことだが、ここ20年来、アレルギー性鼻炎に悩んでいて、密閉された飛行機や、新幹線に長時間乗っていたり、掃除の行き届かない部屋に寝泊まりすると、くしゃみや鼻水に襲われる。一見小ぎれいなホテルの部屋でも、長い間、使用されていない部屋だったりすると、たちどころに、反応してしまう。常時利用されているとも思えない高麗ホテルのスイートルームには、４泊もしながら、体調はすこぶる良好で、ただの一度も鼻をかむ必要はなかった。これは驚嘆すべきことで、科学反応を起こす汚染物質や、家ダニに見舞われていなかったに違いない。

洗濯物は乾燥機で⁉

ピョンヤン市街地を、高台から初めて展望した時の感動は忘れられないが、バスで街中に入り込むと、四角い窓があるだけの中・高層建築には、ベランダ、バルコニーさえついていない。一般の住宅街と説明されても、窓際に、花やカーテンすら覗けないので、人が暮らす気配が伝わってこない。例によって通訳の２人に聞く。

「洗濯物をどこにも見かけないですが」

「どの家も乾燥機があり、建物の一階には大きな乾燥室があります。洗濯物が建物にひらめいたら、見苦しいでしょう」。

ホントに？　声はださずに、つぶやいた。ホテルのスイートルームさえ、限られたところしか、電灯がつかないというのに？　空港からホテルまでの夜道は真っ暗で、街灯はおろか、家々の明かりさえ洩れていないというのに？

停電といえば、バスに乗って、夕食のすき焼きを食べに行ったときのことだ。アジア風の平屋の食堂に案内され、全員が長いテーブルに向かい合って席についた。6人に一つの割合で鍋がおかれている。この日も店内は私たちの団体だけだった。ぐつぐつと牛肉の煮えるおいしそうな匂いが漂い始めた頃、あたりが一瞬にして暗闇に包まれてしまった。「停電です。少し待ってください」と落ち着いたガイドの声。

「先に食べちゃうから」。ひょうきんな声にどっと笑いがあがった。「灯りがついたら、肉が何もなかったなんて、怒るよ〜」。また笑い声が響いた。やがて室内が再び明るくなると、ガイドも店主も、何事もなかったように次の仕事にとりかかった。

こういう電力不足の国が、洗濯物が見苦しいから乾燥機だなんて。ホンモノの見栄っ張りか、見栄っ張りによる嘘で、実は乾燥機はおろか、洗濯機もなく、たまの洗濯物を、通りの裏側にそっと干しているのか。キムとハンの説明は、まゆにつばをつけて聞くことが多い。

東京・麹町に住む知人のマンションは、赤坂プリンスとニュー・オータニの高級ホテルを見上げる位置にあり、庶民の生活臭がほとんどないところだ。それでも、彼女はマンションのベランダに据えられた物干し台に、布団も干すし、スニーカーやTシャツ、下着類も干している。

浴室がそのまま乾燥室になっているが、時間も電気代もかかるから使わないそうだ。ベランダの向こうを、要人を乗せた黒塗りの車や、ＶＩＰが通るが、物干し台の位置を低めにして、外観が見苦しくないように工夫されている。

幸せを誇示する国

東京オリンピックの時期、帝国ホテルを始め、高級ホテルに出入りする客は、背の高い欧米人ばかりだった。着るもの、持ち物を見ても、手の届かない世界の人だった。

「肉は一日にどのくらいの量を食べるの?」。オリンピック観戦に、日本を訪れたオーストラリアの中年夫婦と仲良しになり、食事をご馳走していただいたときの話題だ。私はとまどった。肉といえば、カレーライスの肉が、ごちそうだった。夫婦はステーキの大きさを手で示して尋ねたが、私は首を振った。一週間に一回ていど、細切れだけと答えるのに、恥ずかしさを感じた。「日本人は魚を食べる民族なんです」。ナイフとフォークを握る手がますます緊張した。

専門学校を卒業したばかりの通訳のハンに、いろんなことを質問したが、そのころの自分を重ねた。

私たち外国人に直接、暮らしぶりや町の事情を説明する北朝鮮の通訳ガイドは、国の命を受けた外交官でもある。彼らの立場を考えると、気の毒に思うこともある。

拉致されて、24年間を北朝鮮で過ごした蓮池薫氏は『半島へ、ふたたび』のなかで、〝北朝鮮の社会では、第三者、とくに外国人に対しては、自国を誇り、自分の指導者を称え、自分の幸せを誇示するのが、至極当然のことになっている〟と証言している。外国人に直接、接する通訳なら、なおいっそうのことだろう。

敗戦の後遺症か、日本人はとかく自国を卑下する風潮が強かったが、最近はそれもない。自慢も卑下もバランスを欠くと、聞き苦しいものだ。

観光バスが、二両編成の路上電車とすれ違ったとき、キムの表情は、嬉しそうだった。特別混み合っているわけでなく、立っている人がちらほらで、日中なら日本でもよくみかける光景だ。

地下鉄見たかったのに

キムは電車を見たついでに、「ピョンヤンには、地下鉄も走っています。ピョンヤン駅はみなさんの泊まっている高麗ホテルのすぐ近くです」と説明した。そういえば、旅行案内に地下鉄見学も記載されていた。

翌朝、観光バスが出発する時間までに、大分余裕があったので、「地下鉄のピョンヤン駅をぜひ見せて」とキムにねだってみた。

「ホテルに近いんでしょう?」

「うーむ」とキムがうなったのは意外だった。私は無邪気に、「一目見るだけでいいんです。走る地下鉄そのものを見られなくても、駅員さんや電車を待つ人たちなど構内の様子を見るだけで、満足しますから」とせがんだ。ツアーの仲間が数人、私に同調して、キムを囲んだ。キムは当惑した表情を見せた。

地上の電車と違って、地下鉄は意外な姿をしている。ローマの市街地は、古い遺跡とモダンな美意識が見事にマッチしているのに、その下を走っている電車の車体には、宣伝用の絵とも、暴走族の落書きとも区別がつかない、大胆な絵がいっぱいに描かれ、美意識を疑った。電車ばかりか、駅のホームも古びているというより、清掃が行き届かないようで、汚らしかった。

かつて、メキシコシティに初めて地下鉄が走ったころ、識字率が低いため、駅の名前が文字だけでなく、蝶々やチューリップの花などの絵で、判断できるように、工夫されていた。

キムの胸中など知る由もない私は、親分格で地下鉄駅の見学にこだわった。「すぐそこって、歩いて行けるんでしょう？」

キムはしばらく思案顔で、私たちの顔を見回す。

「それじゃぁ、私の後をついてきてください」。意を決したように承諾してくれた。

「やったー」とばかりに、彼と一緒にホテル前の広い道路を横切った。地下鉄の入り口らしい階段はすぐに見つかった。確かに、ホテルのすぐ近くだった。ところが、先頭を歩いていたキムがふときびすを返し、「そうだ。今日は日曜日で、地下鉄が休みだった！」。気まずそうに叫んだ。

「えーっ？」。みんな驚いた。「いいですよ。休みでも。駅の切符売り場や改札口だけでも見られれば」。思わず言ってみたものの、ひきつったキムの顔を見たら、もうこれ以上は言えないと悟った。

がっかりした私たちは、無言でホテルに戻ってきた。キムの説明は信じられなかったが、仲間のそれぞれがどんな受け止め方をしているか、言葉を交わす気にはなれなかった。

もしかして、地下鉄は、何ヶ月も、走っていなかったのではないか。北の地下鉄の駅構内は核シェルターの役割をしているという話も聞いたことがある。だからこそ、一目でも見たかったのに、残念だった。

ひょっとして、キムは承諾したあとも、私たちを引き連れながら、何と言って断るか、頭の中がいっぱいだったのかもしれない。あるいは、ポプラの綿毛のように、単純な誤解で、キムのいうことが正しかったということもありうる。言葉のとおり、休日で運転していなかったとしたら、なぜ、見るだけでいいからという要求を断ったのか。隠されると、いっそう知りたくなり、あれこれ詮索してしまう。

続く拉致生還者の苦悩

貧しい者が、それを隠したり、繕ったり、見栄をはることは、あって当たり前。それがバネになって、人は向上していく。悪いことでもあるまい。それでも、私ごとでなく、国の恥部について外国人に知られまいとかばうのは、ちょっと違う。単なる愛国心の表われなら、可愛いものだが、自国の批判が許されない国家となると深刻だ。

蓮池薫氏は、〝自国を誇り、自分の指導者を称え、自分の幸せを誇示するのが、至極当然のことになっている〟という前述の言葉に続けて、〝実際に心からそう思っての発言かどうかは

▲青々と街路樹が育つ住宅街の道。歩道も整備された高級官僚が住む地帯。

別として、僕はそういった重苦しさにいつも押しつぶされそうだった。今回ソウルに行ってみて、自由闊達な雰囲気、これがピョンヤンとの一番大きな違いだったと確信した〃と告白している。

心から発する言葉と、軋轢を受けて発する言葉が、結果として同じ表現だとしても、発した人の心の差は大きい。すでに軋轢を意識しなくなるほど、この国の独裁体制は長く続いている。いつも朝鮮民主主義人民共和国の代表のように、得意顔で案内しているキムが、地下鉄案内であんなに困惑した表情をしなければならなかったのは、気の毒でしかない。それでも、キムはこの国のありようが間違っているとは、考えそうにない。

『半島へ、ふたたび』の帯には、〝初めて明かす、北朝鮮、拉致への思い〃とあったが、拉致被害者としての暮らしは無論のこと、北の実態やそれを批判する言葉はほとんど見当たらず、彼が初めて訪問した韓国のルポが中心だった。帯の文章は、人の関心をひくように、つまり、本が売れるように、出版社が表現したにちがいない。蓮池薫氏にしてみれば、青春時代のある日、突然拉致されて、不本意に24年も過ごした北の様子について、うらみもつらみも書きたいことは山ほどあって当たり前のはずだが、「しまった！拉致した日本人を、今後は、絶対生きて帰すものか」と北がキリキリ舞いするような真実を書けるわけがない。

彼は運良く日本に生還できて、この時点ですでに7年の歳月を経ているが、いまだ北にとどまる拉致被害者の無事帰還を願えば、北の体制や指導者を批判したり、刺激することは、絶対避けなければならない。筆舌に尽くし難い苦しみとは彼のためにある言葉かもしれない。どんな表現が北朝鮮を刺激し、あるいは安心させるのかも、知り尽くした賢い彼のことだ。事実に反することは書けないまでも、ぎりぎりのところで、真剣勝負をしているのだろう。無事、日本に帰ったあとも、命がけの人生を歩んでいる拉致被害者の不条理な人生は、北の現体制が続く限り、変わらない。それだけに、『半島へ、ふたたび』が第8回新潮ドキュメント賞を受賞したことに、心から祝福したい。

首都ピョンヤンの至るところで、制服の兵士に出会う。たいていが若い青年で、1人でいることはなく、少なくとも2人以上で、往来を歩いている。観光施設のベンチで休憩している者は、オフタイムのようだが、そんなときは丸腰である。国連基金調査によれば北の人口は2405万人で、行政・軍・治安関連の従事者は72万というから、30人に1人の割合になるが、ピョンヤン市内は、どこを見ても、眼を光らしている制服の姿ばかりだ。彼らの写真撮影は、禁じられているが、1人の顔写真でも国防に支障があるというのか。大げさなと思うが、大韓航空機を爆破した金賢姫《キムヒョンヒ》は、逮捕されるや、少女時代、金日成の国家的な行事に参加していた写真が報道されて、彼女が子どもの頃から、ひときわ目立つ優等生だったことをうかがい知ることができた。1人の兵士の肖像にも、機密を要する国家の未来がかかっていることもあるというのだろう。

北朝鮮といえば、決まってテレビで報じられるのが、ピョンヤンの大通りで、両膝を勢い良く伸ばして行進する兵士の姿だ。映像資料で行進する兵士は、かつては、男ばかりだったが、最近は銃を肩に戦闘車に乗る女性兵士も映し出されている。徴兵制で女性でも軍の服務期間が7年もあるそうだが、街の中に制服の女性兵士が歩く姿をみかけることはなかった。それでも、一度だけ、任務にあたる女性兵士に出会った。

金日成凱旋門を通過するとき、観光バスが検問でストップした。カーキ色の軍服を着て、門の前に直立する女性兵士を、恐れ多くも、バスの窓から至近距離で見下す格好になった。20歳は過ぎているだろうが、化粧っけがなく、きりりとした表情に、どこかあどけなさが残っている。彼女の肩には70～80センチのライフル銃がかかり、胸には30センチはある両刃の短剣が収まっていた。日本の警官よりずっとものものしい武器に、緊張が走る。仕事の中身を考えれば、選ばれた有能な女性に違いない。任務中に武器が必要なのは、どんな時だろうか。すでに使用したことはあるのか。結婚したら退職を迫られるのか。

ちなみにこの凱旋門はパリの凱旋門より10メートル高いそうだ。

ピョンヤン市民の顔

ホテルの窓から見下ろすピョンヤンの通りは、通行人が多い。室内に、盗聴器はあっても、防犯カメラならぬ盗撮カメラはないだろう。朝、出発前に、窓から写真におさめた。赤いスカーフを首に巻いた子どもたちは朝鮮少年団と聞く。学生、軍人、警察官と制服姿は若い青年が多い。ご法度の兵士もカメラに収めた。成人男性は人民服か事務服のようなものを身につけている。これらの人々は連れ立って歩いていることが多い。日本のビジネスマンのように、スーツをきちんと着た男性は、政府の高官だろうか。

出勤の人が足早に歩く姿は、日本とさして変わらない。朝は7時台、夕方は4時台がピョンヤン市街地のピークだろうか？　夕方のバスツアーから帰る頃は、ピョンヤン通りは、家路に向かう人が多い。布団ほどもある大きな荷物を背負った女性が歩いていた。ふすまの半分くらいの大きさの板を抱えて歩く男性もいた。日本だったら車で運ぶはずのものだ。

日曜日の朝、私たちのバスはいつものように、市内観光のために、ホテルを出発した。中国は自転車が多いが、ここ朝鮮は歩く、ともかく歩く。ピョンヤンの中心通りは、歩道もしっかりついていて、歩く人でいっぱいだ。ときたま自転車の人を見かける。決まって男性ばかりで、偶然なのか、自転車には乗らないで、ひっぱっている姿ばかりだ。交差点でバスが止まっているとき、おもしろい光景を目撃した。

▼高麗ホテルの部屋から見える朝の登校の様子。エリート市民の朝。制服姿の若者のほか、成人は着ている衣服が颯爽としている。

歩道に突き出た階段を、初老で細身の男性が自転車を持ち上げて乗り越えようとしている。オヤオヤ、大変。この国でバリアフリーは無理な注文。誰か手を貸す人はないのだろうか？　バスの中で余計なことを考えた。彼はたまたま顔を私の方向に向けたので、細おもての表情が手に取るように見えた。顔をしかめて、セエノとばかりに、自転車を抱きかかえているかと思いきや、誇らしい感情が満面に広がっている。予測を覆された私は一瞬混乱したが、そうかと一人合点した。

自転車は高級乗り物で、誰の手にも入るというわけではない。鼻高々の自転車ゆえの労苦は苦にならない。彼の晴れがましい表情をこう解釈して、納得した。

通訳のキムも、ハンも、道行く人も、この国の人は誰もが胸に金主席のバッジをつけている。直径3センチほどで、形は丸いの、四角いのと、種類は多く、どれも着色されている。形の違いは、人民の階級を表すわけでなく、好きなものを選んで買うだけという。ホテルの売店でも、おみやげに、このバッジは売られていて、自由に入手できるので、ガイドのこの説明は信じられる。

金日成広場で、あでやかなピンク色のチマ・チョゴリを着た女性と、ぱりッとした黒っぽいスーツに派手な赤い縞のネクタイをしている若いカップルに出会った。20代後半に見える2人は、結婚式の記念にここを訪れた新郎・新婦だった。一緒に記念の写真を撮らせてもらい、後にプリントしたら、晴れやかな新郎の胸には白いポケット・チーフがのぞき、主席のバッジが誇らしげについていた。二枚の集合写真とも、にっこり微笑んでいるのは、仲間の日本人ばかり。真ん中に立つ新郎は、それでも満足気な顔が隠せないが、新婦の表情は、二枚ともなぜか硬い。

これをみて、「花嫁すら暗かった！」などと見たままを伝えて、せっかちな結論を出すのは考え物だ。カメラを向けられると、決まって、「チーズ」と大声を出して、笑顔を作る日本人と、そんな習慣のない国の人との違いかもしれない。

そういえば、韓国を旅行しているときも、有名スポットで、何組かの新郎・新婦に出会ったことがある。花嫁は真っ白なウエディング・ドレス、花婿はタキシードで、日本人と同じような結婚式の衣装を着ていたので、すぐにそれとわかった。記念すべき日に、結婚式の衣装のまま で、２人で記念の場所を訪れる。二つの国のこの習慣は、分断される前からのものなのだろう。再び一つの国になって、あれも、これもと、守り続けた文化や伝統に、喜び合える日が一日も早く訪れることを祈る。

中高年の女性はどこに

10万人のマスゲームは、旅のハイライト（第６章）でのちに詳しくふれるが、なんといっても若い女性が美しい民族衣装をまとって優雅に、時にきびきびと踊る群舞は圧巻だ。あの何千、何万人もの女性たちにとって、アリラン祭は人生最高の晴れ舞台に違いない。人は子どもを産んだあとの人生の方がずっと長い。年齢的に言っても、そのころから、男性は仕事を通し、本舞台への道につながるが、女性はどうか。町の中には、中年の女性の影も高齢者の姿もほとんど見かけることはなかった。

北朝鮮の人々の平均寿命について、ガイドのキムは70代（70歳ではない！）といったが、すでに、60代に落ちこみ、医療や食料事情の貧困が影響していることが容易に推測できる。キムがさばを読んだ、というより、通訳マニュアルにそう記されているに違いない。こういう数字はたとえ、実際、「北」に住む者でも、公表されたものを信じるしかない。さらに、キムの説明によれば、定年は男性60歳、女性55歳で、年金暮らしに入るという。

すでに高齢化社会に入ったというが、定年後、働けなくなった高齢者がどんな暮らしをしているのか気になる。年金だけで十分な生活ができるのかなどとキムやハンに野暮な質問をする気にはなれない。彼らは「できる」と言うだろうし、かりに日本人に同じ質問をしたら、「できない」と答えるだろうから。それにしても、中高年女性は、どこに消えちゃったのだろう。通訳ガイド、ホテルや空港のスタッフ、交通整理のおまわりさんなど、少なくとも外国人の私たちが接する花形職業？　の女性は若い人ばかりだ。中年女性で、目立つ例外的存在は、日本でもおなじみの朝鮮中央テレビで、ニュースを仰々しく伝えるアナウンサーくらいだ。

休日の遅い朝、ピョンヤン住宅街の通りは、ブラブラと歩く人の群れで、いっぱいだった。みなどこか肩の力を抜いていて、行楽地にでも向かうのだろうか。場所がら、国一番のエリートたちなのだろうが、制服を脱いだ地味な色のジャンパー姿は、競馬場に向かうふた昔も前の日本の労働者の風情だ。ここにも女性の姿は見えず、男性天国そのものというのは、日本とは事情が違いすぎる。

再び東京オリンピックの時代を持ち出すが、あのころの日本の女性つまり、私の青春時代は、結婚したら家に入るだけだった。女の子の夢はお嫁さんになることで、その先がなかった。会社勤めも未婚の女性に限られていた。朝晩の通勤電車の中に、ＯＬや学生はいたが、中年女性はいなかった。

これと似たようなもので、子育てを卒業した中年以上の女性の姿が見えないピョンヤンの町の内情は、想像に難くない。妻を家内とか奥さんと表現するように、市街地に住む高級官僚と結婚した中高年の女性は、人目につかない〝家の内〟で、あるいは〝奥〟で、家事労働をしているにちがいない。野菜を洗ったり、キムチをつけたり、衣服を縫ったり、つくろったり、子や孫、高齢者のめんどうをみたり、工業化が遅れた国の家事労働と家族の看護や介護などの福祉的な仕事は半端じゃない。これらを引き受けた上で、一人前の労働者として、工場で働いたり、あるいは、内職のような仕事をしたり、さらにピョンヤン以外の農村では田畑で農業をしたり、山菜やきのことりなどで、食糧の補給をしたり、家の外の仕事も免れることはない。

五月晴れの万景台《マンギョンデ》公園

５月５日の日曜日、ピョンヤン郊外にある万景台《マンギョンデ》を目指した。ここは金日成主席が誕生し、14歳までを過ごしたところだという。市街地を抜けると、道路の両側には、街路樹の青葉がしげって、あたりは急に緑地帯に変わってきた。

バスの前をピョンヤンナンバーのトラックと自転車が走っている。トラックの荷台には人があふれ、地味な色のジャンパー姿の男たちが、立ち上がって、周囲の景色を見回している。中に、赤いスカーフの少女が１人、大きな白い髪飾りがいかにも休日だ。普段は業務用のトラックを、休日はこんな使い方をするのだろう。珍しい光景に惹かれて、ついバスの車内の前方座席に移動する。

「日本じゃこんな姿は見られないですよね」と、傍らの男性に確めるように、声をかけた。

「とんでもない！　すぐにパトカーが追いかけて来ますよ！」。

バスがこのトラックを追い抜くとき、シャッターを切った。うまくおさまって、貴重な写真になった。特別な許可はなかったが、バスの最前部に座っている2人の通訳は、私たちのカメラ撮影を見て見ぬふりをしてくれたので、バスの中から外の景色を時折、カメラに収めることができた。（参照　口絵写真⑥）

万景台は、大きな公園で、10万平方メートルという。五月晴れの青空が広がり、緑の芝生と新緑の樹木がまぶしい。赤松と形良く剪定されたつつじが日本の庭園を思わせる。許されるものなら、こんなゆったりしたところでお弁当でもひろげて、何時間もすごしたいものだ。のぼり旗を立てた焼きそばやソフトクリームはおろか、ベンチさえもない。

数十人の集団が、いくつかに分かれて、並んだままぞろぞろと歩いている。彼らは広場の一角にある金日成の生家の方角を目指し、私たちも同じように進む。心もはずむ行楽日和にもかかわらず、浮かれて、談笑する雰囲気はない。働き盛りの男女ばかりで、子どもや老人の姿は皆無だ。

男性は黒っぽいジャンパーや茶色の人民服に混じって、ネクタイと背広姿も多いので、それなりの正装にちがいない。女性は通勤時とはあきらかに違って、赤やピンクの模様のついたジャケットやブラウス、ワンピースで、特別なおしゃれをしていることがわかる。

不思議なことに気づいた。この日、主席の生家に向けて、広い敷地内で列をなして歩く人々は、男性も女性も例外なく、両手に何ひとつ、ものを持たずに、手ぶらで歩いている。女性の場合は、ほんのちょっとの外出でも、ハンカチ、ちり紙、財布を入れるバッグやポシェットが必要で、ましてや、天下の万景台を歩くのだから、口紅の一本も忍ばせたいはずだろうに。彼

◀ピョンヤン郊外は豊かな緑が。痩せた土地で、農作物の収穫が期待できないと説明し、国連でも同じような報告をしているが。

▶もうすぐ主席の生家が。万景台公園を歩く人は、手に一切の荷物を持っていない。

◀金日成の生家。真ん中に少年の金日成、左右が両親。

らは、一体何のため、そして、どこから、丸腰のままやって来たというのだろう。

聖地を訪れる無表情

この国の人々は子どもの頃から折に触れて、偉大な金主席の生い立ちをたたき込まれているし、この場所は彼らの〝心のふるさと〟とか〝革命のゆりかご〟と名づけられている「聖地」である。主領様の幼年時代の部屋を一目見ることは、私たちが森鴎外や、岩崎弥太郎の生家を見学するのと、わけがちがって、生涯の記念すべき一瞬のはずである。行楽気分そっちのけの緊張した足取りもそのためか。

金日成が生まれたときから、革命を志し、この家を出るまでの14年間を過ごしたという生家は、軒が低い小さなわらぶき屋根の家だった。畳を横に5枚並べる程度の小さな横長の部屋には、年代ものの簡単な家具が置かれ、壁には少年時代の主席と両親の写真が3枚、同じサイズの額で並んでいた。

公園を歩いていた人の数を考えれば、この小さな家の前が、押すな押すなの騒ぎになってもおかしくないが、人々が計画的に動いているせいか、そんな気配は全くない。

列からはずれて、彼らが部屋の中を拝観する表情を、ふりかえる。後ろに続く人々の誰もが、真っ黒に日焼けしているので、農民の集団だろうか。ピョンヤンに住む人々ではないかもしれない。

列の順に従って、無言のまま、さらりと外から覗き込んでいく顔は、ああ主領様と感慨にふ

▼生家を拝観した表情。左側の男性と２人の女性は日本人。

ける様子は皆無だし、好奇心に燃えているとも思えない。念願が果たせたという喜びも感じられないが、さりとて、退屈しているリピーターとは決して思えない。豊かで柔らかな感受性を、硬い殻でしっかりと被っているかのように、険しい表情がゆるむこともない。

これは、一体どういうことだろう。崇め奉る指導者の息づかいがもれてきそうな小さなわらぶき屋根の家を前にして、いかなる感想を抱くべきか、無防備に本心をさらけ出すことに不慣れなのかもしれない。絶対的な権力者の下で、北の人々は本当のところ、どんな思いで生きているのか？　彼らの心情を推し量ることはそう簡単ではない。

それにひきかえ、新年に、日本の皇居を参拝する老若男女ののびのびとした表情はどうだ。寒くてかなわんと震える人も、一目見たさのミーハーもいる。やっと念願を果たせたという嬉しそうな顔、晴れやかな顔、涙を浮かべる顔、幸せそうな顔、厳粛な顔、とりどりの思いがとりどりの表情になって、映し出される。これらの様子を報道するテレビを、暖かい部屋で見る人の方がずっと多くて、一般的だし、さらに言うなら、この手のニュースには、興味もなくチャンネルを他に回す人も多い。

名物・女性の交通巡査

ピョンヤンの中心市街地に、6車線もある広い道路が走っている。そこの交差点で、交通整理をしているのは、若い女性警察官だ。白い帽子と制服に身を包み、きびきびとした身振り手振りは、町のシンボルともいえる。交差点のど真ん中に、直径3メートルほどの白い円が描かれているだけで、高い台に乗ることもなく、道路とは平面の、円の中で身体を360度まわしているわけだから、誤って、車に轢かれないかと気になる。

バスがこの交差点に近づくと、朝鮮通の団長は、得意げに説明を始めた。いわく、アリラン祭シーズン中で、しかもピョンヤンの目抜き通りで、交通整理をするのだから、選りすぐられた美人ばかりのはずと。「これは一見の価値あり！　あっ！　見えた、見えた、見えました！」

かつて、日本でも、おまわりさんが両手を使って、交通整理をしていた時代があった。あの頃の日本のおまわりさんの手つきより、ずっと複雑だ。

「いくら見ていても、彼女の動きが何を意味しているのか、わからないなぁ」と、団長はぼやく。

彼のようなドライバーだと、綺麗なおまわりさんに見とれて、交通事故を起こすんじゃないかと、心配になってしまう。

バスの中で、団長が出したクイズ。「あの白い円の中心に、小さい四角いものが見えるでしょう？　なんだかわかる？」

なるほど、よく見ると、白い円の中の警察官の足元には、地面と同じ高さに、四角く仕切ったものがある。だれも答えられない。ますます得意な団長。「冬になると、あの四角なところから熱い風が出てきて、女性警官を温めま〜す」。マイナス30度の極寒の時期にも、交通整理はあるのだ。まさか、彼女らはスカートをはいてはいないだろうが。確認しそこなった。

ホテル近くの交差点は、バスで出るとき、帰る時、見慣れた景色になってきた。滞在3日目に、交差点の隅に、点灯もしないで休憩している信号機を発見した。「なぜ？」

▼街の名物、女性の交通警官

「車の数が少ないので、信号機を使ったらもったいない」とキムの説明。信号機の電気代より、手信号の女性の賃金の方が安いわけだ。かつて使用した後進国という呼称は失礼で、国連は、(開発)途上国と言い換えているが、設置した信号機が使用されなくなったり、敷設に膨大な費用をかけた地下鉄がストップしたり(憶測だが)、途上とはいえ、開発は順調に進むとは限らず、さらに逆戻りすることも現実なのだ。

機能しない信号機をよくみれば、夜になっても点灯しない街灯が50メートルおきにあって、その街灯の柱に設置されていることに気づいた。街灯には、信号機ばかりでなく、「大安売り」ののぼり旗さながら「強盛大国」の赤い看板がくくりつけられていた。アリラン祭の外国人の目を意識したのか、国の中心街として、常に道行く人々に訴えているのかはわからない。

住宅街の通りに掲げられたアーチに書き込まれたハングルは、「強盛大国建設に飛躍しよう」という意味のスローガンだと、教えてもらう。2012年は、金日成の生誕100年。「強盛大国」を目指して、北は猛突進している。(参照　口絵写真⑤)

国家の人口政策と夫婦の判断

朝鮮民主主義人民共和国ではどんな人口政策をとっているのだろうか。この質問はうら若い乙女のハンをどぎまぎさせたようだ。

欧米や日本など先進国では少子化が進む一方で、教育が行き渡らないアジア・アフリカの貧しい途上国では、自然のままに人口が増えていて、このままでは地球上の人口がパンクする。

「日本では出生率が下がってきていて、社会問題になっていますが、朝鮮では？」。この手の国家政策に関する質問になると日本語の会話力が不足しているのか、ハンは答えられないことが多い。質問を具体的にして、「バースコントロールの教育はあるの？」。中国の一人っ子政策を念頭に、尋ねただけだが、いつものように、しどろもどろのハンは顔を赤くしていたから、質問の意味はわかったようだ。が、答えはなかった。

「この国では、人は資源です。強い国にしたいんだから、人口は増やしたいはずでしょう」と、旅仲間で最も物知り顔の男性が教えてくれた。

「確かに」。大半の国に通用する理屈だ。

2010年2月末、国連人口基金（UNFPA）は、15年ぶりに北朝鮮についての調査結果を報告している。調査は、1993年以来のことで、2008年10月、同基金の調査員と指導員、合わせて4万3千人が戸別訪問を行い、アンケートの形で、情報を収集したという。この情報は、ソウル特派員から送られた読売新聞の記事によるもので、同じ日に日本の各新聞をチェックしたが、全くふれていない。

良きにつけ、悪しきにつけ、韓国にとっては、同胞の北朝鮮に関する情報は、最大関心事で、ニュースがソウル経由だったことは自然だし、ニュースソースの国連人口基金のデータは、信ぴょう性のあるものなので、数字を引用すると、調査の結果、人口は2121万人から2405万人に増加し、65歳以上の人口が5・4％から8・7％に上昇し、基準の7％を超え、この国も高齢化社会に突入していることがわかる。

特筆すべきは……平均寿命がこの15年間で、72・7歳から69・3歳にと3・4歳も短くなっていて、お隣の韓国とは、10歳もの開きが出ているということである。

1948年、朝鮮半島が分断されて、韓国（大韓民国）と北朝鮮（朝鮮民主主義人民共和国）がそれぞれ成立する。当時、北朝鮮の方がむしろ工業化が進み、所得も多かったというから、両国の平均寿命に特段の差はなかったろう。食糧事情や医療環境の悪化が、命を削った要因として容易に考えられる。合わせて、合計特殊出生率が、2・1から2・0に下がり、妊産婦の死亡率が10万人あたり、54・0人から77・2人へと高くなり、乳児死亡率も千人あたり、14・1人から19・1人へと増加しているというから、女性の出産現場は深刻である。近年、兵士の数が減少し、女性も徴兵制から免れなくなり、これが出生率の低下につながっているのではないかと分析する専門家もいる。

人口政策について、『半島へ、ふたたび』で、蓮池薫氏がわずかにふれている北朝鮮の実情には、こうある。

「北朝鮮では、三つ子が生まれると、それを『国家が興隆する兆し』だとして、女の子には3人の名前が入った金の指輪、男の子には同じく銀粧刀をプレゼントするとともに、いろいろな養育支援をしている。これは1980年代以降、北朝鮮でも次第に少子化が深刻になるなか、多産を奨励するための一つのシンボル的な施策であると同時に、国家や指導者に対する国民の忠誠心を内外に誇示するためのものでもあった」

通訳のキムの子どもは2人で、「5人になると、表彰されますが、大変なので、実際5人産む人は少ないです」。ハンも大学生の弟と2人姉弟だそうだ。

避妊具の有無は、国策に直結しているはずだが、子どもの数を決定する夫婦の意思はたとえ将軍様でも、立ち入れないと、感じ入った。

日本が戦時中、産めよ、増やせよと多産を奨励し、10人の子どもを産んだ家庭を表彰した歴史を、もはや大半の日本人は知らないが、戦前、戦中時代の兄弟の多さに、気づかない人はいまい。

恐怖政治の指導者として、死刑に処されたルーマニアのチャウシェスクの独裁政権下では、妊娠中絶は絶対の悪として、女性が処罰されたのも、戦時、人間の数の確保が最優先とされていたからだ。宗教上の理由からも、妊娠中絶の是非は問われることがあり、アメリカの大統領選では、今も世論を二分して、論争は続いている。人の命をいつから認めるかは、優れて宗教的な判断にもなる。出産率を高めるためのヨーロッパ先進国や日本の少子化対策を見るにつけ、時代が変わっても、出産をめぐって、国は決して無政策ですまされないことがわかる。人として、もっともプライベートな行為の結果が、実は国のありようにつながるという事実に、人は国家と言う組織の中で生きていることを思い知らされる。

女性は子どもを産んでも働く人と、育児に専念する人とがいて、働く人のために、託児所はいっぱいあるという。「バスで移動中、町の中に託児所があったら、教えて」とハンに頼んでおいたが、ついに一箇所も見ることはできなかった。マニュアルにない案内を頼むことは、土台無理だったのか。

市内は同じような中・高層住宅ばかりだから、託児所もそのなかにあるようだ。たしかに、赤ちゃんを抱いたり、背負ったりして、朝夕の通勤時間、足早に歩く女性を何人かは見かけた。背中に紐でくくって、胸のあたりでその紐を交差するおんぶの姿は、上半身のシルエットが気になるということで、日本の女性には敬遠されてしまったが、この国には残っていた。（参照口絵写真⑧）

世界には赤ちゃんを抱いたり、背負ったりする習慣はどこにもあって、長崎の歴史資料館が、企画した展示を見たことがあるが、その方法は千差万別で、日本人にはなつかしいおんぶの姿に、朝鮮半島と日本のつきあいの深さ、長さをしみじみと感じる。

キムの子は小学生と未就学の子で、下の子は奥さんが毎日託児所に送迎するそうだ。帰宅後の家事もすべて、奥さんがやる。「2人で同じに働いて、奥さんだけが育児も家事もするの？キムさんの方が楽でいいですね」と男女平等度をチェックする。

「結婚するときの約束だから。でも日曜日は子どもの面倒を見ますよ」

それでも、街なかで子どもを抱いたり、背負ったりする父親を見かけることは一度もなかった。

日本では、乳母車を押したり、ベビーを抱っこして、手の空いた母親と一緒に歩いている父親を最近はよく見かけるようにはなったが、育児休業を取る父親はまだまだ少数だ。

キムの説明によれば、朝鮮では、育児中の女性は6時間働いて、普通の人の8時間労働の賃金がもらえるというが、子どもの年齢までは聞きそこなった。

ここの国は夫婦別姓だが、女性の地位が高いからではない。生まれた子どもは父親の姓を名乗るのだから、女性は結婚しても、よそものということになる。これは、在日の女性達も同じだ。

曇天・無風でフライト不能!!

旅行の目玉は、北朝鮮の特別区で開始している経済活動を視察することだった。４泊５日のうち、まるまる真ん中の２日間をかけ、高麗航空のチャーター便と専用車を使って、羅津《ラジン》と先鋒《ソンボン》の特別区を視察することになっていた。国連開発計画で、この地帯の投資が決まり、「羅津・先鋒自由経済地帯」が設定されたのは前年の12月。注目が集まっていた地域である。羅津と先鋒を地図で確認する。日本海（半島では南北を問わず東海《トンヘ》という）に沿って半島の海岸線を北に上ると、羅津と先鋒が順に、北端に向かって並んでいる。先鋒は、北朝鮮の最北端の町で、ロシア、中国と3国の国境に近く、飛行機の給油をしたウラジオストックまで２００キロの位置にある。

その日の行動予定は、朝決まるということになって、ホテルのロビーに集合した私たちは、通訳のキムから、「本日の経済開発区視察は中止になります。代わりにバスでピョンヤンの市内観光をします」と伝えられた。

予定の変更は常にいいわけなしだが、こればかりは、「天候が悪いので、視界がきかず、飛行機が飛べないから」と理由が告げられた。

ゾロゾロとホテルを出て、バスに乗るまでの20～30メートル。空を仰ぐと曇天とはいえ、おだやかな無風状態だ。私としては経済特区より、市内見学をしたほうが良さそうだと内心は思っていたが、思わず「皆既日食を観測するわけでなし、これで、フライトが不能だなんて、信じられない！」と、ついいつもの調子で、大きな声で叫んでしまった。

旅仲間の一人の男性が「操縦はパイロットがするんだよ。操縦士が曇天だから危ないと判断すれば、危ないんだよ」と、私を諭す。なんと物分かりの良いこと！　彼らは私の知らないところで、北朝鮮とは、どれほど理屈の通らない国かを、すでに頭に叩き込んでいるのだろう。

後日談になるが、旅から帰り、すでに新たな日本の慌しい日常生活が始まっているなかで、団長の署名入りで、ピョンヤンと先鋒往復の旅費を返金するという手紙が届いた。予期しないことだった。

「こんなに高い、美味しくない、楽しくない、と、これほどまでに徹底した世界でただ一つのツアーによくぞ、参加いただきました。皆さんはよほど変人ですね。変人さんは大好きです」と、あいかわらずおどけた文面だったが、彼が朝鮮民主主義人民共和国を相手に、真剣な交渉をした結果に違いないと思った。正確を期すために古い銀行通帳を確認したら、2002年5月30日、NGO団体の名で3万5千円が振り込まれていた。従って、私の支払った旅費は4泊5日の総額で22万8千円ということになる。

ビジネスがらみの北朝鮮旅行だったら、経済特区の現場見学を期待するのも、本気だろう。キャンセルになったら、交通費くらいは返還すべきだと、誰かが団長に進言したのかもしれない。

第3章❖

痩せた土地と食糧不足

一日にジャガイモ2個分

旅費の返金を受けてから、大分日が経って、国連の世界食糧計画（WFP）の調査報告に目を通した。5月のレポートに、「北朝鮮は一日当たり、食糧を300グラムしか配給していない。国際標準では最低限でも500グラムになっているが、さらに今月から250グラムまで減らされた」とある。そして、最も深刻な地域に、北部の咸鏡北道《ハムギョンブクト》が挙げられていた。我々の旅行予定地、羅津と先鋒の特別区がある地域だ。250グラムといえば、大きめのサツマイモなら1本、ジャガイモで2個程度だ。これが一日分の食糧すべてという事態を想像できようか。配給の物資はとうもろこしが多いそうだ。

同じ咸鏡北道でも、田舎に住む人々は、自給用の家庭菜園か協働農場で働いて、食料を補充しているが、都市居住者はそれもできないとある。羅津《ラシン》と先鋒《ソンボン》は北部の代表的な都市で、北朝鮮のなかで、最も過酷な食糧危機に見舞われていたわけだ。

羅津と先鋒の頭文字をとって命名した羅先《ラソン》市内の羅先エンペラーホテルに私たちは宿泊予定をしていた。北朝鮮最高級といわれるホテルも、業務が遂行できなくなったに違いない。それならそうと言ってくれれば、返金無用で、せめてもの寄付くらいはできたのに。国連のレポートを目にしながら、能天気な自分に呆然とした。

政治的・思想的に問題のないエリート階層が転入して、例外的に市場経済化の実験が行われていたという羅先だが、さらに、一年前はもっとひどい状況だったということもこの時初めて知る。危機は突然襲ってきたものでもないわけで、訪朝プランを立てる段階で、どんなやりとりがあったのか。舞い込んだお誘いメールの文を読み直す。

「同国の特別なご配慮により、経済視察及びアリラン祭参加のための訪朝が実現できる運びとなりました」。さらに、「同国と協働して企画したもの」とある。この文面が正直な表現だったら、協働企画に加わった団長は出発前から、最貧地域を視察することを承知していたはずである。団長の仲間と思われる他の参加者も日本を発つ前から、キャンセルの可能性が濃厚であることくらいは知らされていたのかもしれない。

何も知らない私に「パイロットが無理といったら無理なんだよ」と諭した男は、事情に詳しかったに違いない。

恥をしのんで、正直に告白すれば、訪問する前も、訪問中も北がこれほどまでの食糧危機に陥っていたことを知らなかった。国民が満足に食事ができないような国を観光して楽しんで来ようと思ったこと自体、批難されたら返すことばが見つからない。

どこのレストランも無愛想だったのは、厨房でも、店内でも、働く人々は、外国人観光客への恨みを持っていたのかもしれない。自国の人が、満足に食べることもできないのに、もっといえば、自身を含めて、帰宅すれば、空腹な家族が待っているのに、飽食の国から来たやつらの食べ方は、許せないほど、贅沢なふるまいをしていたと映ったにちがいない。客が入れば、儲かる日本の民間の食堂経営者と、労働が直接給料に結びつかず、国から給料をもらう公務員の彼らとは、置かれた立場が全く異なることに、気づかなければいけない。

そんな危機的な中で、アリラン祭に外国人を何万人も招いて、精一杯の食事でもてなしてくれたのは、それ以上の外貨の見返りを切実に求めたためだろうから、今としてはこういう支援の仕方もあったと思い切るしかない。

どこの食堂でも、食事を運ぶウェイター、ウェイトレスと直接コミュニケーションをとったためしはない。言葉の問題もあるだろうが、彼らが外国人の客に直接応対することは避けていたような気がする。日本人の旅行団がくったくなく食事を終わらせ、席をたつとき、残したお皿の上のものを、彼らがどんな表情で片付けるのか、失礼だが、さりげなく、観察した。「おや、もったいない！」とか、「子どもに食べさせてあげたい」などと、意味ある表情をする者は誰もいない。見栄っ張りと言ってしまえば、それまでだが、精神的な訓練の賜物だろうか。日本のレストランで働く人と少しも変わらず、黙々と片付ける姿に、なぜかほっとした。こらえ性のない私が彼らの立場だったら、飢えた目が光ってしまうかもしれない。

話しを元に戻して、もし、視察予定の朝が晴天だったら、ガイドはどう言っただろうか？「ピョンヤンは晴れていますが、あいにく現地の天候が荒れていて、飛行機が飛びません」と恐らく、そんな説明になったはずだ。そのためにも、情報管理は大事で、公開なんてしたら、全ての計画がガタガタになってしまう。

その後、羅先市は、特級市・直轄市と変遷し、２０１０年１月には、羅先特別市となり、国内の自由貿易市場の拠点となるか、と報道されている。

農具持たずに畑でたむろする男達

経済特区の視察がキャンセルされ、あいた時間でピョンヤンから北に160キロ、車でおよそ2時間半の観光地・妙香《ミョヒャン》山にバスツアーをすることになった。金日成のお気に入りの場所で、日成は最期を、ここの別荘で迎えたという。ここには、国際親善展覧館があって、金日成主席と正日総書記の二代の指導者につながる世界中の要人や国家、団体組織から贈られたプレゼントが、展示されている。その数10万点という。

2車線の道路は、舗装がきれいに整備されていて、走る車は少なく、高速バスのように快適に飛ばす。すれ違うのは、両側の歩行者ばかりだが、ピョンヤンの中心地を出れば、むろん歩道などはない。朝夕仕事に向かう人は、女性もみな紺や茶、グレーなどの地味な色の事務服のようなものを着ている。民族服のチマ・チョゴリは色彩が鮮やかだが、往来では見かけない。通訳のハンも初日と2日目は、ピンク色のチマ・チョゴリで、迎えてくれたが、3日目からはグレーのブレザーとスカートに変わった。同じ衣服でも、チマ・チョゴリは限りなく鮮やかな色彩だが、洋服になると、とたんに地味な色に変わってしまう。そういえば、日本人だって、和服と洋服では、色の選び方は違うと振り返って気づいた。

市街地を抜けると、田畑が延々と続くが、働く農夫の姿は見かけない。この時期、農作物が青々としている日本の光景とは異なり、休耕地のように、作物もなくて殺風景だ。遠くの岩山は土肌がむきだしになっている。（参照　口絵写真⑪）

バスは走り続け、忘れたころに、時折5～6人の男たちが、休耕地にたむろしている。農具を持つ人はなく、畑や、小川のふちに集まって、立ったまま、世間話でもしている風情だ。彼らは決まって、バスが走る道路からはるか遠くにいるので、表情は読めない。時々、牛やヤギが1、2頭放たれているのを見かけた。その近くには、寝そべったり、しゃがみこんだりして、人が1人必ず付き添っている。彼はまちがいなく、家畜の番人という労働をしている。それにしても動物達は、例外なくあわれなほどやせていた。

資料には、この国の収穫期は6月と10月とある。国中が食糧難だというのに、収穫期を前に、農作業もせずに、畑地に集まって、男達が世間話でもしているかの様子は、なぜなのか。わが目で実際目撃していても、信じられない光景である。

「なぜですか」と、ガイドに率直に尋ねることは、他の国ならなんでもないことだが、この国では、お宅の亭主はなぜ怠けてばかりで、働かないのかと、見栄っ張りの女房に尋ねるくらい勇気がいる。謎を解くには、自分で調べるしかない。

荒廃した田畑と国連の報告

答えになるのかどうか、国連世界食糧計画（ＷＦＰ）の統計資料に、北朝鮮の農業従事者は男性が34・9％、女性が42・0％とある。バスの中からはるか遠くに見えた農地の人は男性ばかりで、統計の数字とは乖離している。資料にはさらに、「北朝鮮には耕作可能な土地が国土の18％ほどしかなく、耕作に必要な十分な肥料や良質の種もないことから、国内での農作物の生産は非常に困難な状況です。そのため人口の70％が、政府からの公共配給制度に依存して生活しています」と説明があり、さらに「食糧を確保するため家畜の養育や家庭栽培、どんぐり、樹皮、海藻類など自然植物の収穫にたよらざるを得ません」。

なるほど。延々と続いていたやせ地には、撒く種もなく、肥料も無く、農夫はもはやなすすべがなく、農作業を断念していたということで、つじつまがあう。女性と違って、日中、家の中では手持ち無沙汰の男達が、外に出て、ぶらぶらと集まって嘆きの会話を交わしていたというこことだったのだ。

ＷＦＰのピョンヤン代表デビッド・モートンによる5月15日づけの次のレポートは、私たちが訪朝した10日ほどあとのものだ。

「国際的な寄付が足りないため、この月から高齢者と高校生向けの支援を停止した。小学校の小さな子ども達への援助を維持するためで、申し訳ないが、他に方法がない」と国連活動の力不足を訴えながら、「北朝鮮の当局は、彼らが無作為に視察するのを禁じ、朝鮮語を話せる者を雇うのも禁じているので、食糧が適切に配布されているのかどうか、モニター活動も満足でない」と北に対する懸念を率直に報告している。

深刻な食糧事情のまっただなかで、通訳のキムとハンは、そんなそぶりも見せなかったが、枯渇した田畑を目にして、旅行者以上に自国の食糧危機を胸に刻んでいたにちがいない。

この後も、北の食糧危機は続き、２００９年に、北の5歳以下の子どもの37％が栄養失調状態にあるとＷＦＰは推計している。

そういえば、国連の説明と同じように、キムもバスの案内のなかで、「農地には適さない土地のため、収穫が少ない」と、飢饉の責任をもっぱら痩せた土地におしつけていた。国の指導者がそう説明しているわけだから、農民もわが身を責める必要はなく、天下万民、上から下まで、「土が悪い！」と一緒に愚痴をこぼしていれば、すむことになる。

それでも4泊5日の旅を振りかえれば、車窓からみた景色は、素人目にも、それほど、国土が荒れているとは思えなかった。ピョンヤン中心地のビル街には、街路樹が繁っていたし、市街地から10キロと離れていない万景台の一帯は青々とした樹木が連なっている。妙光山一帯については、のちに触れるが、日成が最も愛した山と言うだけあって、青葉、若葉が連なり、どこまでも美しい。どこを農地にするか、線を引きかえるのは、この国のもっとも得意とするところではなかったか？

ゴルバチョフと李明博《イミョンバク》の会話

1991年11月、クレムリンの宮殿でこんな会話が交わされていた。

「朝鮮半島が南北に分断された当時は、北朝鮮の工業がもっと発達していて国民所得も南より高かった。南はせいぜい農業に依存する水準でした。でも、今は、逆に北朝鮮が南より貧しい。どうしてだとお思いですか？」

ソ連の大統領ゴルバチョフの質問の真意を探ってとまどうのは、現在韓国の大統領の李明博である。当時彼は民間企業「現代グループ」の会長をしていた。

「北朝鮮は共産主義を採択し、南は資本主義を選択したからです」と、ゴルバチョフは続ける。ソ連の大統領のこの発言に、明博は一瞬耳を疑うが、「それからの話はもっと印象的だった」と『李明博自伝』（新潮文庫）にある。

「北朝鮮に社会主義を選択するよう促したのは、他ならぬわがソ連です。したがって北朝鮮の問題にはソ連の責任が大きいのです。韓国と北朝鮮は分断前には同じ言語や同じ文化を持った一つの民族でしたね。いつになるかはわかりませんが、韓国とソ連が国交を結び、経済協力をするようになったら、その結果を北側にも分けてあげましょう。そうしなければならない道義的な責任がソ連にはあります」

この頃、ソ連はすでにペレストロイカ（改革）に着手していて、ポーランド、ハンガリー、ルーマニア、チェコの東欧諸国は民主化し、東西ドイツの壁も崩壊していた。ゴルバチョフにしてみれば、これらの動きに、手ごたえを感じている時期で、胸中の大胆な戦略を、陣営の異なる韓国のゲストにもかかわらず、ごく率直に吐露したに過ぎないのかもしれない。明博も「実に共感できる話」と応じる。

ゴルバチョフのヒューマニティーにあふれるこの言葉に、ノーベル平和賞にあたいする、人類待望の政治家出現！　と、西側感覚の私などは心底感動し、共鳴もする。

ところが間もなくソヴィエト連邦は消滅し、ゴルバチョフは大統領から失脚してしまう。つまり足元の国民はこのスケールの大きい愛すべき大統領を支持しなかったというわけだ。

ゴルバチョフは、ソ連共産党の最高で絶対的な権力者として、ペレストロイカの旗を掲げて、一党独裁の制度を自ら放棄し、民主化の道を進めた。その結果、自由を得た民衆は、その自由な批判と攻撃をゴルバチョフにも容赦なく向けたのである。ゴルバチョフ自身は、それも覚悟の上だったと聞く。

金正日はこんなゴルバチョフを反面教師にして、「国の崩壊こそ絶対の危機。ソ連の轍は踏むまい」、そう肝に銘じた。臆病な独裁者は、自らの地位を保つために、民衆の目と耳と口をふさぎ、一層、体制を強固にすることが歴史の常である。

2008年、明博は第17代の大韓民国の大統領に就任するが、金大中の太陽政策以来、緩和されてきた南北関係を、逆の方向に進めている。

金大中《キムデジュン》(1973~2009)は2000年、韓国大統領として、史上初めて、ピョンヤンで北の総書記金正日と会談し、「南北共同宣言」の下で、「統一問題をわが民族同士が力を合わせて解決していく」と合意を交わした。分断された朝鮮半島の雪溶けが大いに期待され、この時、太陽政策と称された北との融和策、支援策は、西側諸国にも深い安堵を与え、その年、金大中はノーベル平和賞を受賞する。ところが、金正日は「南北共同宣言」を反故にするばかりか、人類の脅威である核の開発に手を出し、韓国を無視し、保有した核を担保に、米国との交渉を第一義とする外交を繰り返す。

このような経緯のなかで明博は、太陽より北風を選び、経済制裁を決めるが、六カ国協議の存在意義をも否定する北に対しては、日本を含めて、関係各国は韓国と一致した態度で臨んでいる。北について「私たちが理解できない唯一の国」とつぶやく同胞の韓国大統領の言葉に、

▼国際親善展覧館

深い悲しみと焦燥を感じる。

国際親善展覧館へ

ピョンヤンの市街地を抜けると、幹線道路を１６０キロも走ったというのに、沿道には、住宅が一軒もない。途中、建売住宅のように、同じ形をした平屋のこぎれいな住宅が10戸ほど、それも道路から２００〜３００メートルはるか遠くに、整然と並んでいるのを見つけた。（参照　口絵写真⑪）そんな集落が、２〜３箇所はあったと思う。距離があるせいか、住宅の周辺に人影も動物の姿も見えない。農家にはつきものの農具や収穫物を保管する物置小屋らしいものも見えなくて、生活の匂いが感じられない。こんな言葉があるかどうかわからないが、「文化住宅」とでも名づけるのがふさわしそうだ。国際親善展覧館に向かう国際的な目抜き通りということで、特別、人目を気にしているのだろう。

度々、データを引用する国連人口基金調査報告によれば、全国約590万世帯のうち、44％が長屋などの集合住宅に住み、一軒家は3割。全体の73％にあたる432万世帯が、面積50～75平方メートルの家に住むとあるから、この「文化住宅」は、平均より、かなり広い家のようだ。

東京オリンピックのとき、都内の目抜き通りと裏路地の差が話題になっていたのを思い出す。そんな昔を思い出す必要もない。私の家だって、来客のある日とない日では掃除の仕方も違う。部屋によっても片付け方が違う。個人的には、日常的に裏表を使い分けるのは、珍しくもないのだが、それが国家として行われると、ウーンとうなってしまう。

季節は日本と同様、新緑の頃だ。景勝地・妙香山に近づくと、赤松の緑とは違った新緑が増えてきた。日本のふるさとの光景によくあるように、雑木林の間に、渓流を見つけたときは、観光気分が急に盛り上がる。

たどりついた国際親善展覧館の屋根は、中国の天安門か、日本の由緒ある旅館か社寺を大きくしたような見事な建築物で、中国、日本と同じ文化を共有していることを改めて感じる。（参照　口絵写真⑩）スターリン様式のコンクリートの建物が並ぶピョンヤンが革命の町なら、ここは朝鮮のふるさとだ。広い駐車場には、すでに、同じような観光バスが一、二台停まっていた。バスには3桁の番号がついていたが、この大きな数字は、国が一括管理運営をしているからに違いない。

周辺の松の木は、起伏する岩肌に沿って、盆栽のように形良く、太い幹をくねらせ、天に伸び、東洋的な建物と見事にマッチしている。

情報をコントロールされた北の人々は、尊敬してやまない2代の指導者が、世界中の人々から敬愛されていて、展覧館に展示された数々の贈呈品こそ、その証しであると、誇らしく思っているにちがい。言い換えれば、朝鮮民主主義人民共和国の指導者は、これらの品々を展示することによって、国際的な地位の確かさを、人々にことさら印象づける必要がある。安上がりな政策だが、見るものが見れば、展示品を鑑賞しながら、プレゼントの贈り主と北朝鮮との距離を測れる。北朝鮮の外交を研究する専門家だったら、垂涎の的かもしれないが、大学で教鞭をとる日本の朝鮮研究家は、「親朝派でもなければ、決して訪朝は許されない」という。

皇居・三の丸尚蔵館の場合

それにしても、展示品を贈った側は、公開されることを承知しているのだろうか。

日本の皇居三の丸の尚蔵館には、皇室に贈られた国内外の歴史的、文化的に価値ある美術品等が、寄贈されて、国民の財産として所蔵されている。これらは、寄贈者本人の許可をとり、個人が特定されない配慮がしてある。

今上天皇即位20年記念に、それらの一部が上野の国立博物館内の平成館で、「皇室の名宝」として展示された。数々の美術品について、伊藤若冲、横山大観、円山応挙などと作者名が、

▼妙香山の雑木林と渓流。金日成が最期を迎えた別荘はこの近くか？　ふるさとのような景色。

それぞれに記されていたが、贈り主が記されていたのは、天皇から皇后へ、皇太后から皇后へという具合に、皇族同士の贈答に限定されていた。
　例外として目を引いたのは、ショーケースに飾られていた二つの大きなガラスの花瓶で、贈り主は南満州鉄道株式会社で、昭和3年と記されていた。ミルク色を帯びた薄い透明なガラスの花器には、菊や桐、鳳凰が繊細なタッチで浮き出て、いかにも高賀な作品だ。南満州鉄道株式会社から分離した大連窯業株式会社が制作したもので、当時の先端技術として、海外のガラス工芸にも大きな影響を与えたという。
　南満州鉄道株式会社は満鉄と呼ばれ、20世紀の初め、日本政府が満州（中国の東北部）に設立した半官半民の特殊会社で、鉄道のみならず、満州経営の中核としてインフラ整備

を推進してきた会社だが、敗戦とともに、消滅している。
皇室の名宝に、この贈り主が明記されているのは、すでに存在していないこと、国家の異名に近い特殊な会社であったことによるのだろう。気品と静けさの漂う二つの大きなガラスの花瓶は、満州で張作霖爆殺事件が起きた年に、贈られたものであり、戦争を背景に生まれた美術品であることに気づく。贈り主の名を公開することにより、この花瓶は、わが国の負の歴史を背負いながら、次世代に多くのことを語り続けていくに違いない。
「皇室の名宝」を鑑賞しながら、展示品が年代と作者のみならず、贈り主が判明したら、その背景と経緯を詮索できてさぞ楽しかろうとふとよぎり、金日成、正日親子に感化されたかと苦笑する。

宇都宮徳馬の贈り物

国際親善展覧館には家具や調度品、装飾品の数々のほか、実用的な電気製品まであったのは、これらが鑑賞の対象でなく、指導者の威厳と対外的な人脈を証明する展示場だからだ。メモをとっておきたかったが、そんな雰囲気はもちろんない。入館を許可された者は、お墨付きの人物で、写真撮影はおろか、双眼鏡で覗いたり、根掘り葉掘りや、正確描写の〝危険性〟がないということになっている。

すでに崩壊したヨーロッパの旧共産国から今は亡き金日成への贈り物が多く、かのチャウシェスクからの贈答品が記憶に残っている。彼は政治家として金日成の影響を受けていて、プレゼントの品は生前の親交の証しだ。いくつもの部屋に陳列された品々は、贈り主の国や地域で分けられ、日本からは、左翼政党の国会議員、労働組合からのものが大半を占めていた。

そのなかで、ひときわ目をひいたのが、宇都宮徳馬（１９０７～２０００）から贈られた精巧な五重塔のミニチュアだった。人間の身長ほどの高さだったたか、驚くほど精巧で、柱一本も手抜きはしまいといった職人の気迫がこめられている。インドから中国、さらに朝鮮半島を通って日本に伝わったという五重塔を、文化のお返しの意味もこめて、贈ったのだろうか。

２０００年に93歳で辞世した徳馬は、６歳年下の金日成と対話を重ねてきた政治家であり、後継者がすでに息子の現総書記正日に決まっていた時点で、主席に面と向かって「政治家は一代限りにすべきです」と、敢えて進言したというエピソードの主だ。これに対して金日成は、「本当の友人の直言はうれしいものだ」と微笑んだという。

宇都宮徳馬は若い頃、共産党に入党し、治安維持法で投獄されるが、獄中で転向した保守リベラルの政治家だ。ヒロシマ・ナガサキを世界に伝え、核の悲惨を訴え続け、日中、日ソ、日朝の国交回復に尽力してきた。

09年の政権交代が実現した衆議院選挙で、日本で初めて、世襲議員の出馬の条件が取りざされたが、民主の鳩山、自民の麻生と両党トップの家系を思えば、気合が入らない話だ。宇都宮徳馬が健在なら、どのようなお叱りの言葉が出てくるか？

「そらみたことか！」

忠告を無視し、2代目を引き継いだ正日の昨今の動向に、徳馬はあの世で、嘆きや怒りを超え、恐怖と戦慄に震えているのではなかろうか。〝本当の友人〟のドラ息子は、彼が命がけで訴えてきた核廃絶の願いを、いとも簡単にひっくり返し、民を飢えに追いやりながら、核に手を出し、世界中を震撼させているこの世で最悪の政治家になってしまった。これは、核の所有を断固拒否する大方の日本人の考え方だが、在日の幹部はいう。

「この小さな国が、アメリカと対等に、渡り合えるのは、核があればこそ。さもなければ、何を言っても、無視され、つぶされてしまうでしょう」

クラス一の暴れん坊を、人一倍気遣い、学級全体の調和を保つために、苦心惨憺するのは担任教師だが、学級中の注目をひく必要がないほど、暴れん坊が学業やクラブ活動で、自信を持ってくれれば、事態は解決する。北朝鮮の食糧危機や、電力不足を一刻も早く解決する道を探すことが問われている。

ユネスコ世界遺産に登録された古墳

各労働組合からの贈り物は、展示など意識もしていないためか、質素なものが多かった。土井たか子の名がついた小さな一輪ざしは、信じられないほど、貧相だった。展示に何の配慮もなかったせいで、あるいは、有名な焼き物だったのかもしれないと今にして思うが、見栄えはしなかった。彼女もまさかあんな風に、公開展示されるなどと夢にも思わなかったろう。

金正日の支配下にある北の人民ならいざ知らず、外国からの来客がこれらの展示品を見て、金親子は世界中に太いアンテナを張った国際人だったと改めて高い評価をするとでも思っているのだろうか？　側近がこの感覚のおかしさを忠告することすら許されない裸の王様を公言しているような展示館である。

日本人にとって、飛鳥、奈良、さらにそれより古くから多くの文化を移入してきた5千年の歴史を誇る朝鮮半島である。この国の考古資料や芸術品に、関係者からは、とりわけ深い関心が持たれているが、2004年には、ピョンヤン周辺の63基の古墳がユネスコ世界遺産に登録されている。

これらは高句麗王国の中後期のもので、日本の高松塚古墳の壁画の女性に似ていて、チマのようなひろがったスカートを身につけている壁画の絵をネット上で見た時、二つの古墳の壁画がどう関連しているのか、あれこれと想像がわいてきた。バスツアーではこんなスポットこそ、見学したかったが、ユネスコの登録前のことで、話題にもならなかった。

登録のきっかけは、1990年代に画家の平山郁夫がユネスコ親善大使として、北朝鮮を訪問した時、この高句麗古墳の壁画を高く評価し、当局に遺産登録を薦めたというから、日本人がかかわっているわけだ。

日本と朝鮮両国で、これから共同調査研究が進められれば、今後どういう結果が出てくるのか。両国の未来は、遠い過去を源にして、流れは長く限りなく広がっていきそうだ。日本の朝鮮大学校のホームページには、高句麗古墳観光を希望する方は、当校に一報をとある。その価値を十分に認知しての呼びかけと思える。

館内でプチ迷子に

国際親善展覧館の建物のなかで迷子になった。館内で、ガイドのハンの案内するまま、トイレに入り、そこを出てきたら、彼女が勘違いでもしたのか、反対の方向に行くように指示され、その通りに進んだら、別の出口に出てしまった。それだけのことで、迷子は大げさだが、館内のいたるところに立つ民族服の警備の女性たちの反応にただならぬものを感じた。

朝鮮語がまったくわからない私が日本人とわかると、あちこちのカラフルで、ふんわりと長いチマが大きく揺れて、一斉に動き始めた。にわかに私の前に引っ張られてきた女性は日本語のわかる人だった。

「グループ名は？」

ＮＧＯ団体の名前が浮かんだが、はてあれがグループの名前だったか。そうこうしているうちに、通訳のキムがあわてて、迎えにきた。たったそれだけのプチ迷子だったが、彼らのあわてぶりに逆に私の方が驚いた。

「全員揃いましたね。次の部屋では皆さん主席に敬礼をしてください」と緊張ぎみの通訳の声。ドアを開けると、部屋の奥には箱庭もどきの庭園が作られていて、等身大よりやや大き目の背広服の主席が、両手を広げ、私たちを迎えるかのように立っていた。ケンタッキー・フライドチキンのおじさんを連想してクスリと笑いが出そうだった。主席の足元には、何種類かの可愛い花が咲き乱れ、緑の植栽の配置が良い。花や植物の名前に詳しくないのが残念だ。主席の背後は、湖水になっていて、映像で映し出されているのか、さざなみさえたっている。精巧な技術で、人も植栽も背景も限りなく実物に近い。

人民が敬う絶世？　の英雄、５千年の朝鮮史でも、今や抜きん出た神のように崇められる日成のこの像は、銅像とは異なり、ろう人形というが、実にリアルに出来ていて、呼吸が聞こえてくるようだ。

私たちは主席の前に、横一列に整列した。

「それでは皆さん。主席に敬礼をしてください」

キムの合図で、いっせいに頭をさげた。

「そうですね。主席は大きな声で、ドンドンしゃべりますから、思わぬ方向に行ってしまわないようにするのが、大変でした」

敬礼をしながら、主席のインタビューをしたという日本の新聞記者の話を思い出していた。「彼の声はエネルギッシュでパワーに漲っていました。テンポも速いので、書き留めるのに苦労しました」

こんな特別室があるので、迷子に神経を使ったのだろうか。ピョンヤンから展覧館に向かう一本道の道路から見える家々にも、国家的配慮が行き届いていたことを思えば、本丸の特別室付近の外国人の迷子などは不敬罪に通じたかも！　アリラン祭に招待した外国人への親切な配慮と受け止めるには、スタッフの表情はこわばりすぎていた。

このとき、施設内のいたるところに、はりついていた案内役の女性が身に着けていたチマ・チョゴリは、私がこれまでに見たものの中で、最も絢爛豪華だった。一面に刺繍がほどこされて、贅を極めたものもあったし、シルクの光沢が鮮やかで見事なものもあった。振り返って、彼女らは滞在中、唯一出会えた生き生きとした中年女性で、セレブな雰囲気だった。国家や労働党の上級幹部の夫を持つ、将軍様の信頼に足る女性達かもしれない。日本的な発想と偏見でいえば、働く女性というよりは、名誉ある無償のボランティア風だった。

第4章❖

嘆きのショッピング

Tシャツは日本製

ピョンヤンの平均気温は日本より低く、5月で16度と観光案内の栞にあるが、妙香山はピョンヤンより北部で、山地のせいか、寒さが気になった。館内の売店で、定価1200円の長袖のTシャツを見つける。この国の物価を思えばめっぽう高いが、日本では1200円では買えないだろう。縫製はしっかりしているし、エメラルド・グリーンの色が気に入ったし、大胆な襟ぐりは重ね着に合いそうなので、迷わず買うことに決めた。あとで良く見たら、ポリエステル100％で、日本製の表示がついていて驚いた。日本製なら1200円は安い。日本では、この手のシャツは大半が韓国製だ。韓国製ならもっと安価だろうに。

出発前の新潟空港で、南を話題にしない、韓国製品の持込はご法度と注意されたのを思い出した。旅行用のドライヤーや電気かみそりなどでも、うっかり持参は許されない。

前述したように、時の韓国の大統領は金大中で、南北初の首脳会談で約束した南からの援助も続き、第三者の目には、両国の関係はすこぶる良好と映っていた。これは日本だけの思い込みではない。当時の国連の文書「朝鮮民主主義人民共和国のための2003年国連諸機関合同要請」にも、「将来の希望」と題して「2002年に北朝鮮政府は、経済再生を目指して多くの改革を新たに開始した。これと並行して、一連の外交的決定により、韓国との合意が実現し、日本との関係改善、合衆国との対話再開が実現した」と記されていて、南北ばかりか、日朝、米朝の春が来たとさえウカウカとほのめかされている。

卑近な言い方をしよう。けんか別れをしていた双子の兄弟が、ようやく仲直りをすることにした。経済的に自立できない貧しい弟に、最近余裕の出てきた兄の方が、約束どおり、定期的な送金や援助の品を送り続けるというので、周囲はヤレヤレと喜ぶ。ところが弟はそれらを受け取りながらも、感謝の気持ちどころか、事実を隠して、子分の仲間連中に、兄貴の悪口を言いふらす。

北の人々は、同じ民族の隣国だからこそ、無関心ではいられないが、彼らは韓国から援助を受けている実態も知らされず、感謝はおろか、敵意を抱きたくなるような情報ばかりを聞かされる。

統一できないのはどちらのせい？

「私たちは、統一を心から望んでいます。問題は南の態度なんです」と、北に住む朝鮮人ばかりか、在日朝鮮人からも、責任はすべて韓国側にありとする言葉を耳にした。

「日本の報道は偏っていて、北のことや総書記のことを批判するものばかりですが、北に行った人は、みんなそんなことはないって、言ってますね。やっぱり、本当の姿を見なくてはわかりませんよね」。同意を求めるようにして、顔をのぞきこまれた。

「日本の報道より、北の同胞の話の方を信じますか？」

「そりゃ、そうですよ。拉致問題だって、核だって、南北が統一されれば、すべて解決することですから」

「そこのところ、私にはよくわかりません。統一すると、例えば横田めぐみさんの問題がどう解決するというんですか。私にも理解できるように、教えてください」

「むずかしいですが、総連は解決すると言ってますから、私はそれを信じています」

情報にバリアがないばかりか、北を批難する情報が多い日本で暮らしている女性がこう断言する。彼女は朝鮮大学校を出て、朝鮮学校で教師の経験もしている高学歴の女性だ。

もっとも、私が北に招待された特別な親朝派という思いこみを彼女は抱いていて、総連のマニュアル通りに話しても、理解してもらえる安心感というか、計算が背景にあるのだろう。

日本社会のなかに溶け込んで、暮らしている彼女のことだ。日本人のだれかれに向かって、同じセリフを放つとは考えられない。二重規範の中で生きているに違いない。在日として、日本で生まれ育った彼らが、多難の人生を潜り抜けるなかで、身につけてきた知恵なのだ。

彼らは表面的に、やむをえず、日本人に話を合わせているというのか、実は総連の指導が怖いのか、本音はわからない。しかし、社会の様々な少数派にとって、日本は住みにくいところだと感じているのは、在日コリアンだけでない。これだけは確信を持って言える。

在日コリアンには、考え方どころか、自身のアイデンティティさえも、偽って、今も国籍を隠し、日本人名を名乗って、暮らしている人も少なくない。地元の顔役の「あの方の奥さんも実は同胞。あの人も、この人も、私たちの会には顔を出すけど、知らなかったことにしておいてよ」。もちろん私は約束を守っている。説明する彼女だって、日本名を別に持っていて、場所によって使い分けている。在日のカミングアウトは今でも簡単でないことを理解しなければならない。

我々旅行団に配られた国家観光局発行の朝鮮民主主義人民共和国の地図を広げると、朝鮮半島全体が赤く塗られていて、中国との国境は明確だが、38度線もソウルもなく、ピョンヤンだけが書き込まれている。彼らは今もって、朝鮮半島全体を自国と想定し、韓国との戦争は終結を見ていない。

日本製のTシャツを買うため、この国に来て初めて財布を開き、日本の千円札を2枚出して、100円硬貨8個のおつりをもらった。ここの通貨はウォンとチョンで、1ウォンは100チョンになるとのことだが、ついにウォンもチョンもお目にかからなかった。もっとも、この通貨も、2009年末のデノミで、姿を消し、新紙幣に替わってしまった。高額所得者が実権を握り、金体制を揺るがすようなことを避けるための国策である。

紙幣に触れられない売子さん

買い物のついでに、ショッピングの話題をもう少し続けたい。

ピョンヤン旅行最後の日、キムがホテルの玄関脇にある売店に、案内してくれた。天井は高く、スペースは300〜400平方メートルはあったろうか。いかにも高級な朝鮮の調度品、装飾品、陶磁器、朝鮮人参などが並んでいて、国際ホテルの売店としてそう恥じない。

客室500の大きなホテルにもかかわらず、ショッピングをする客は、私たちツアーの仲間だけで、ホテルに一箇所だけの売店にもかかわらず、他の客は誰ひとりいない。泊り客でさえ、ショッピング時間は、統制されていて、自由に入れないということだ。

店に入ると、日本円を交換するように教えられる。店内の奥の方に、映画館のチケット売り場のような小さな窓口があって、2人の女性がガラスの向こうに座っていた。彼女らは私たちを待っていた様子だ。そこで、買い物予定額の円と交換したのは、通貨のウォン、チョンではなくて、ホテルのこの売店だけに通用する〝買い物券〟である。とりあえず2万円ほど交換して店内を歩くと、陳列棚に、朝鮮の青磁の花器が目に入った。記念のおみやげに格好と思ったが、値がはって、手がでない。一番安いものなら、所持金で何とかなりそうだったが、2万円を超えていたので、さらに換金する必要がある。ガラガラの店内で、売り場も換金窓口も、一目で見渡せる位置だし、めんどうなので、手持無沙汰そうに見える店員に、代わって換金して来て欲しいと手まねで依頼したが、めっそうもないという反応。簡単には買えないしくみに愛想をつかして、安物は偽物だろうと、あきらめた。倒産の心配がない国営売店は、全くサービスが悪い！

高価なものはやめて、数の多い友人用に、話のタネに、同じ文化の象徴の箸を何組か買った。一つは殺菌力があるという朝鮮の松の木の一種で作られたもので、もう一つは日本の焼肉屋でも見かける金属製の箸だった。

それに麻で編んだ夏の帽子をいくつか買った。全ての買い物品をかごに入れて、スーパーのレジのように、所定の場所にもって行き、点検を受ける。そのあと、未使用の買い物券をもう一度、ガラス越しの窓口に持って行き、円に換金してもらう。

この複雑なしくみは何のためか。つまり、ホンモノの日本円を手にするのは、ガラスで仕切られた窓口の向こうに座る２人の女性だけということになる。それぞれの品物の前に立つ店員はみな若い女性ばかりで、ひょっとして、彼女らはホンモノの日本円を手にするほど信用されていないのだろうか？　あるいは外国紙幣の真贋を見極めるのに、専門家が必要なほど偽札が横行しているということなのか？　いずれにしても、疑い深いこのしくみは国家の方針のはずだ。

血色に染まった麻帽子

麻の帽子は、毎年、夏の一時をともに過ごす数人の友人と、自分を含めた家族用のおみやげだった。帽子本体の麻は機械編みのようだったが、編み方が何種類かあって、レースのように、空け感のあるものから、密に編んだものなどがあって、どれもそれなりに魅力的だった。ぐるりと巻いたワインカラーのリボンが、深く落ち着いて、天然の麻の色とマッチしている。

旅も終えて、梅雨明けの日差しが強い日、一足早く、そのうちの一つをかぶって外出した。が、帰宅後、全ての帽子を捨てる羽目になってしまった。

「あれ！　ひたいに赤いものが！　血じゃないかしら？」。私の顔を見て、一緒に歩いていた親友が叫んだ。あわてて、手でひたいのあたりを拭った。指先が赤く染まった。どこも痛くない、思い当たるふしもなく、帽子を脱いでみた。

麻のつばに、血が流れている。よく見ると、リボンのワインカラーが汗で溶け出し、赤い血の色になっていることがわかった。雨でも降ったら、衣服を汚すところだった。おまけに帽子に巻かれたワインカラーの飾りリボンは、剥がれやすい糊で簡単に止められていたようで、パラリと剥がれて細長いテープになってしまった。夏休みに、再会する友人たちの顔を思い浮かべ、毒見をしておいてよかったと、胸をなでおろした。

少なくとも、特級国際ホテルとランクされ、北朝鮮随一という外国人専用のホテルの売店のおみやげ品だ。国の威信とひきかえに、粗悪品のお土産でぼろもうけをしようとする魂胆が理解できない。

どこの国にも、悪いことをしようとする人間はいるもので、日本だったら、粗悪品を作った者が、観光地で、敷物に並べて、売りさばいて、ぼろもうけをたくらむ。が、この国では、作り手が勝手に値段を決めて、ホテルで直接売りさばくわけではない。

いずれにしても、帽子のリボンを糊で貼りつけて仕上げたのは、家内労働というか、内職で、権力とは無縁の先端労働者だ。作業の間にも、手の汗や糊の水分で、リボンから赤い血のような染料が溶け出て、使えばすぐにばれてしまう、見ばえだけの粗悪品の実態を、彼（彼女）は、充分承知している。万一彼らの意思で手抜きをして、粗悪品を作って、ばれれば、ただちに罰せられるから、そんなことは考えられない。

幹部ぐるみの仕業だろうか？　この国の指導者は主体思想を柱に、理想の国家作りのために革命の旗を振っているわけで、たとえ他国の指導者から〝悪の枢軸〟とか、〝ならずもの国家〟などと蔑称されたとしても、一般の人民は将軍様を信じ、あがめ、絶対的に崇拝している。革命国家は、上から下まで互いに悪事を承知して、実行する盗賊集団とは質が違う。インチキ帽子を生産するとしても、建前としての正義をあくまでも貫く必要がある。幹部は善良な労働者の名誉と誇りだけは、断じて守らなければならない。

こういう条件で、どんなシナリオが描けるか？　想像してみる。

「舞台で使う帽子だから、ていねいに作る必要はない。見かけだけよければ、それでいいんだから、急いで沢山作るように」

組織の上部から、こんなたぐいの指示があったのではないか？　どんな時代であろうと、どこの国であろうと、個人的な例外はあるにしても、権力とは無縁の善良な民衆が存在していて、彼らは天下国家がどうであろうと、誠実に、正直に、

▼ピョンヤンと妙香山を結ぶ一本道。川には長い橋が。

慈愛と正義感をもって、社会を支えている。性善説は地位や名声とは無関係な民衆にこそあてはまる。

善良な彼らを利用するのが一部の権力者なのだ。

ショッピングでもう一つ忘れられないのは、ピョンヤン空港の売店だ。帰りのチャーター便のフライトを待つ間、目の前に2軒並んだ店が、2軒とも鍵がかけられたままになっていた。ガラス戸越しに、店内は丸見えで、おみやげに欲しいものも見える。もう一軒は本屋だった。漢字の地図があれば、ぜひとも欲しかった。

第一、待ち時間にお土産品をみることは、格好な時間の過ごし方なのだ。外貨を稼げるわずかなチャンスすら活かそうともしない。民衆が苦悩し、上部への不信感が堆積したところに、革命が起きないはずはない。

透明のごみ袋に詰め込まれた麻の帽子は、血の色が付着したかのようだ。流血を見る革命はご免だ。

アッ！　観光バスが転覆

これで、交通事故がよく起きないものだと、恐怖に震えた。アリラン祭の帰り道のことだ。観客だけで15万、出演者10万という大マスゲームの様子は後述するが、終了すると、周辺道路は人の海だ。その海の中を、私たち外国人を乗せたバスが何台も、クラクションを鳴らしながらノロノロと走る。あたりは夜の闇が広がり、ライトで照らされた人々は、バスが接触しそうな距離に近づくと、蜘蛛の子を散らすように、道路の左右にかきわけられていく。もし、誰かが躓き、転んだら、バスはよけられず、轢いてしまうしかない。交通整理をする人など皆無で、ヒヤヒヤドキドキしどおしだった。

人と車のこんな無謀な光景が、この世にあるのかと疑った。アリラン祭は、２ヶ月続くというから、毎晩こんな恐ろしい光景がくりかえされているのだろうか。

この夜は、少なくとも私たちの目の前で、交通事故はなくてすんだが、翌日、別の場所で、おもいがけずというか、やっぱり事故は起きた。そして、事故の顚末は、予想をはるかに超えていた。

国際親善展覧館の見学を終え、妙香山からピョンヤンへの帰りは一本道。バスは田畑や小川、遠くの家や岩山を後ろに後ろにと飛ばしながら、来たときの道を、軽快に引き返した。時速１００キロ以上のスピードは、まさに高速バスだが、道路はよく整備され、交差点はないし、道行く人の姿など、ほとんどないので、危険は感じない。

ピョンヤンまで、あと半分くらいの距離を戻ったろうか？　バスの前方はゆるやかなカーブになっていて、右側の道路脇に数人の男女が立ちすくんでいる。バスは徐行した。道路わきの草むらには、築地市場のマグロのように4、5人の男女が横たわっていた。その脇で、呆然と座っている女性の顔と胸に、血が流れていた。

交通事故だ！　カーブを切りそこなったにちがいない。茂みの向こうは窪地になっている。立ち上がって、野次馬のように、バスの窓から現場を覗こうとしたら、バスは緩めたスピードを戻して、その場を通り過ぎてしまった。大きな車輪とひっくり返った車の一部を目撃したと、後部座席の仲間が興奮ぎみに叫んだ。

あの人数じゃ、バスの事故だろう。彼らの様子から察するに、事故の直後のようだ。

帰路の途中で寄った観光名所・普賢寺の駐車場に、インドネシアと書かれた番号つきのバスを見かけたから、あのバスの人たちかもしれない。在インドネシアの朝鮮人だろうか。日本人を含めて、アジアの人々は似たような顔をしていて、見分けはむずかしい。女性が身につけていたワンピースの素材が夏物のように薄手だったし、模様の感じからしても、インドネシアかもしれない。彼らも私たちと同様、携帯電話など持っていない。公衆電話もついぞ見かけない。運転手かガイドが何かの手段で連絡をとっているのだろうか?

後続の私たちのバスの運転手は、困った人に手を貸すという徳目に全く欠けていた。添乗員の通訳ガイドのキムもハンも知らん顔だから、この国の人々は、あきらかに助け合い精神無用という教育を受けているようだ。冷たい国だ。遠来の客にそのような場面をみせたくないという考え方もあろうが、けが人も外国人のようだ。

途中枝分かれする道もない、長い一本道である。後方の山間地に、救急車や病院があるはずもないから、救援隊は、前方のピョンヤンの方角から来るはずだ。まだか、まだかと、走るバスの中で救援隊を待ったが、何分走っても、対向車線にそれらしい車が姿を現すことはなかった。

この国にも救急車はある。アリラン祭を観覧するとき、私たちのバスは黒塗りのリムジンに乗ったベトナム大統領の一行と同時に、会場に到着した。大統領の車の後には、何台もの車の行列が続き、その最後が救急車だった。あの救急車が早くこないかと、いらだった。

日本だったら大事故で、救助車ばかりでなく、報道陣が群がるはずだ。ところが、ときどき前方から歩いて来る制服の兵士も、一般の歩行者も、全て世はこともなしという様子。少し離れた場所で、交通事故があり、負傷者が横たわっていることなど、皆目知らないようだった。我々のバスの方も何事もなかったかのように、事故を目撃してから1時間以上は走り続け、ついにピョンヤンの市街地に入ってしまった。あの事故の被害者はどうなったのか。

万一事故に遭ったら

もし、私たちのバスが事故にあったら、どうなるのか。携帯電話を持たず、海や山の遭難のように、唯一頼りになるのは、通りがかりの人や車なのに、それが期待できないとなったら？パスポートも持っていないし、たとえそれが戻ってきても、この国に入国した事実さえ、記録されていない。

宿泊ホテルも直前まで、二転、三転し、部屋も変更する。ホテルの部屋に、電話器はあっても、発信できない。考えてみれば、私はこの国に来て、外部からは一切、連絡がとれない状態にあったわけだ。のんきなことに、この時、初めて自分の置かれた所在不明という立場が明確に迫ってきた。

こんな私たちを、朝鮮民主主義人民共和国は病院に運んで、治療をしてくれるのだろうか？

日本の家族に伝えてくれるのだろうか。

後日、WFP、2002年10月11日の情報の中に、その答えを発見した。

私たちの旅行より2ヶ月あと、「国連の人道問題担当官が北の政府と医療の緊急措置について合意した」とある。それから少なくとも3ヶ月以内のこと、幸か不幸か国連職員の1人が北部地域で事故に遭う。彼は北のヘリコプターでピョンヤンまで搬送され、そこからは、救急チャーター機で北京まで運ばれたそうだ。「この緊急搬送は北にとっても、国連職員にとっても初めてのことで、国際社会と北との間の非常に良好な協力と相互理解を示すもの」だったと記されてある。

救出されたのは、国連の職員で、しかもたった1人だ。合意の前のこの時期、多数の日本人の観光客が事故にあったとして、救出されることなど、とても期待できなかったのではなかろうか。後日、何回も訪朝経験のあるジャーナリストに、事故の説明をしながら、確認したら「まあ、助けてはもらえないでしょうね」と、あっさりと首をふられた。

幽閉されている日本人

不安な心境にかられているとき、ふた組の日本人が脳裏をよぎった。

ひと組は、1959年から始まった「帰還事業」で、北に渡った日本人妻だ。朝鮮総連や日本共産党による「地上の楽園」の宣伝を信じて、北朝鮮に帰国した9万人を超える在日コリアンのなかに、彼らと結婚した日本人妻1800人が含まれていたという。

彼女らがいざ、足を踏み入れると「地上の楽園」は、貧困と飢餓と差別の地獄だったようだ。検閲を受ける手紙に、そう記されていなくても、使用する封筒や便せんの紙質はそれを十分物語っていたし、文末に無心する日用品の種類に、送りだした身内の人々は、真相を察知した。

彼女らの大半がその後、一度も日本に戻ることもできず、生死すら不明の人も少なくないと聞く。日本を発って、すでに20年から40年以上もの歳月が流れている。

彼女らはこの空の下で、はたして無事に生きているのだろうか。日本語も忘れかけているのではなかろうか？　ホテルを出るときから、どんよりとしていた空は、あいかわらず、厚い雲に覆われて、重い気配が漂っている。

もう一組は、拉致された日本人のことだった。

拉致について、この時点では、「北」は否定し続けていたし、日本国内でも、左翼の政党や学者、評論家、弁護士などに拉致を否定する人は少なくなかった。なかには被害者家族の訴えは、詭弁で創作だとうそぶく者もいたくらいだ。真相は闇の中だったが、この事故に遭遇したとき、初めて、拉致された人々のことが脳裏をよぎった。この国に何人もの同胞の被害者が隠れるようにして、不本意に暮らしているのだろうか。

正直に言えば、まだ半信半疑だった。まさか国家が関与して山椒大夫のような人さらいをするわけはないだろうと思っていた。この甘い予断が一瞬にして、ひっくり返されるのに、そう長い時間はかからなかった。

小泉総理が拉致問題解決などのために、北朝鮮を訪問したのは、この4ヶ月あとのことになる。拉致被害者の横田めぐみさんが失跡して25年、地村保志、浜本富貴恵、蓮池薫、奥戸祐木子、曽我ミヨシ、曽我ひとみさん母子らが、日本海側に沿った町から、突然姿を消して24年経っていた。

金正日総書記は、この時、初めて、失踪した人々のうちの一部の人を北朝鮮が拉致したことを、小泉総理に向かって正式に認め、「遺憾なことだった。率直におわびしたい」と謝罪した。「特殊機関の一部が妄動主義、英雄主義に走ったためで、関係者はすでに処罰した」とも言った。正日は責任を部下の一部に転嫁して、問題を処理したように報告したが、彼が事件に関与していないことなど誰が信じられようか。

その後の「北」の動向を知るにつけ、こんな破廉恥な事実を、よくぞ正直に告白したものだと逆に感心してしまうくらいだ。今となっては、むしろその方が不思議なくらいだ。おそらく告白の交換条件に、これに見合った大きな獲物が得られると踏んでいたに違いない。

1942年生まれの2人の指導者

この日を境に日本人の誰もが、拉致を現実のものとして認識し、北朝鮮への反発は抑えられないものになってきた。これをまとめながら、1942年生まれの私は、小泉純一郎、金正日ともに、同じ1942年生まれだということに気づいた。

あれから7年を経た2009年7月、金正日総書記は、67歳を数え、前年の8月に患った脳卒中で、左手に麻痺が残ったと伝えられ、のちに腎臓の透析を定期的に行っているとも報道されている。

アメリカのクリントン元大統領や中国の温家宝首相を迎え、新聞やテレビに映る彼の姿は、確かに、左手が不自由そうだし、突き出たおなかはへこみ、頬はこけ、急速にやせ衰えている。小泉純一郎も、この年8月の衆議院選挙で、息子を後継者にして、政界を退き、日米ともに、政権が交代し、時代は変わっているが、金正日が正式に認めた拉致事件の解決は、いまだにめどがたっていない。

声紋や写真の分析の結果、2003年ごろから替え玉が、健康を害した正日に代わって、外交戦の舞台や、国内の軍事の統率などに、暗躍しているというのは、早稲田大学教授の重村智計だ。小泉純一郎が2004年5月、二度目の訪朝で会った人物は、最初の正日とは声紋が異なるとも断定している。クリントンと撮った記念写真では、正日の身長が10センチ以上も伸びているとも指摘する。2010年5月、金正日は4年ぶりに中国を訪れ、胡錦濤国家主席に体制維持のための支援を求めた。テレビに映し出されたおぼつかない足どりは、替え玉説を否定していたし、国家の命運をかけた交渉を替え玉がなせるはずもないと確信するが、いずれ、真相は将来明かされる。地球の裏のニュースが瞬時に伝わる時代に、ミステリアスな話である。

ピョンヤン・ツアーから帰国して、わずか2日後の5月8日にも、北朝鮮について日本人の認識が大きく変化する事件が起きている。

北朝鮮から命がけで逃げだす、いわゆる脱北者が中国の日本国総領事館に逃げ込み、その様子が繰り返し、テレビ・ニュースで茶の間に流れたのである。

北朝鮮の一家5人が、祖国を脱出し、瀋陽の日本国総領事館に逃げ込むため、門扉を乗り越えるところを、複数の中国武装警官が引きずり下ろし、とりおさえた。この時の様子を、テレビニュースは、何回も繰り返し放映した。この衝撃的な映像を、今も記憶に残している人は少なくあるまい。老若男女で構成された北の一家が命をかけて、背丈よりも高く閉ざされた日本の領事館の門扉をよじ登る姿と、それを制服警官が引きずり下ろす緊迫感に満ちたシーンは、平和な日本では、あまりにも非日常的な光景であった。かたずをのむ一瞬のできごとを、ここまで的確に映像に収められたのは、脱北者を支援するNGOが存在し、彼らがビデオカメラを準備して、その瞬間を狙い撮りしていたことが、間もなく種明かしされる。

中国の警官が門扉をよじ登りつつある女性のみならず、すでに領事館に逃げ込んだ男性を追って、敷地内に踏み込み、ひきずりだしたことは、国際法上問題があるし、これを見ていた日本国領事館の職員が、警官を制止するどころか、彼らの落とした帽子を拾って手渡すだけで、脱北者を保護しなかったことが、その後も問題をひきずっていく。

一瞬のできごととはいえ、これら一部始終が、カメラに収まっていなければ、警官が領事館の敷地内に足を踏みいれたことも、日本の領事館の職員がそれを目撃していたことも、ごまかされてしまったかもしれない。一本のビデオ映像の証言力は絶大だ。

脱北者が中国政府に取り押さえられれば、不法入国で、北に送還され、苦役か思想改造される。再犯者なら、処刑が待っているという北朝鮮の恐ろしさを、多くの日本人はこの事件を通して初めて知った。

何も知らされない「北」の人々

この年の２００２年、脱北者は１０００人にのぼり、２００７年にはその数、１万人を超えたと、韓国統一省は発表している。

北からの脱出は、１９８０年代は厳しい独裁政治下での政治的亡命と判断されたが、90年代には、大水害や食糧飢饉を理由に脱出する者があとを絶たず、〝脱北者〟と呼ばれるようになった。

命がけで、祖国を逃げだす人が増える国、それを極刑でもって阻止する北朝鮮。日本人が北朝鮮に抱くマイナス・イメージは、ここで一層強いものになっていく。

09年10月22日の読売新聞は、国境近くの中国で「捕まれば人生は終わり。怖くてしかたなかった。でも本当に食べるものがなくて」

▼国際親善展覧館のベランダから、妙香山一帯を見る筆者。

と命がけの脱北者にインタビューをして、今もなお食糧難が続いていることを報じている。

バスの道中で、仲間の1人が通訳に話しかけていた。

「キムさんのフルネームは何だっけ。キム・ヒョンヒだったっけ。ああ、あれは違った。大韓航空機爆破事件の女性だったよね」

この国で、あの事件を口にするのはタブーじゃないの。ハラハラしながら、キムの表情に注目した。どうやら彼はヒョンヒを知らないようだった。なんの反応もない。

「あの女、韓国の上級公務員と結婚したんだってさ。韓国も寛大すぎるよ」

韓国の悪口を言う分にはかまわないとでも思っているのか、悪気もなく続ける。キムのおだやかな笑顔は、何も理解していないことを意味していた。

自国が起こしたこんな世界の大事件も、命がけで祖国を脱出する同胞が絶えないことも、身近な場所で、バスが転覆した交通事故も、報道されない国、何も知らされない国なのだ。

カラオケ一曲1万円

「ここまできて、カラオケ?」

どこの国に行ってもカラオケ屋を探す日本人観光客の趣味のなさを嘆いたこともあるが、今回は違う。3日目の晩、ホテル前のカラオケ・スナックに誘われると、即座に快諾した。もちろん、キムの提案だ。北朝鮮のカラオケなんて、想像を超える。絶対参加しようと、夕食後の待ち合わせ時刻におくれずに、ロビーに出て行った。

首都ピョンヤンの表通りといえど、夜になると、外は暗く、全く静かだ。照明をつけた店も、屋台も何もない。ましてや酔っ払いなど、どこにもいない。夜の外出はこの時だけだった。

通訳の2人は自宅がピョンヤン市内にもかかわらず、私たちの滞在中、同じホテルで過ごしているのをここで初めて知った。エっ⁉ 高い宿泊費で、収入が消えてしまうのでは？ そうか、国家公務員としての通訳は、そういう任務になっているのだ。自由行動を認められない私たちが、夜、勝手にカラオケに行けるわけがない。深夜や早朝に、外国人旅行者が勝手にホテルの外に出ないため、2人は監視役もしていたのだ。聞くところによれば、ホテルの玄関にも、監視役が四六時中、はりついていて、ぶらりと外出でもしようものなら、即座に尋問されて、保護者？ の通訳ガイドにひきとられるという。他のツアーで、これを経験した人がいたと帰国後、耳にしたから、脅しだけではないようだ。

そういえば、毎朝、私たちがバスに乗り込む際、人数確認をするときの2人は、神経をぴりぴりさせている。ひとりで自由に過ごすことなどとうてい許されない雰囲気だ。

旅のハイライト、アリラン祭で、一糸乱れぬマスゲームを観戦した翌日、団長は「あんまりきっちり隙がないのは、気持ちが悪いからアバウトでいこう。1人や2人いなくたって、出発しちゃおう」と朝から、いつもの調子で、軽口をたたいたものの、一呼吸置いて声を落として続けた。

「ひとりいなかったら、キムさんの責任になっちゃう。大変なんだ」

というわけで、私たちは通訳ガイドと称される監視人つきで、スナックのカラオケを楽しむことになった。

料金は「1万円」といわれて、びっくり！　銀座のクラブでも参考にして、ふんだくりの値段をつけたにちがいない。彼らの思惑通り、私たちはそれにのったわけだけど。

こんな値段をつける北朝鮮の人々の平均収入はどのくらいなのか。彼らは国の生産額や所得額を正式に公表することはないので、正確なところはわからないが、世界各国のGDPを長期的に推計しているアンガス・マディソンによれば、購買力から換算して、北朝鮮の1人当たりGDPが11〜12万円で、月1万円弱。つまり、私たちの一晩のカラオケ代で、一ヶ月をまかなうわけだ。

早稲田大学教授の重村智計著『「金正日」後の北朝鮮』によれば、09年の国家予算は4千億円強で、日本の福井県や島根県の予算よりも少ない。日本のGDPが500兆円で北は2兆円とも1兆円ともいわれ、アジア諸国で北ほどの小国はないとある。

カラオケの参加者は男女10人ほどで、通訳を先頭に、ぞろぞろと暗い夜の道路を横切って、ビルの裏側にある一階の目立たないドアを開けた。中はだだっぴろく、30席あまりのソファが並んでいる。

私たちのグループがすわると、お隣には、やはり10人近い中年男性ばかりのグループがすでに陣取っていた。顔はこの国の人のようだが、スーツの着こなしから、外国で成功した人たちのようだ。

「韓国人」と隣に座った仲間が耳打ちしてくれた。「本当に？」。一切の韓国製品をご法度にしていて、人の交流だけは認める？ そんなことが、ありうるのか。しばらくして「在米朝鮮人」と訂正の耳打ちがはいる。打倒米帝国のスローガンがあるのに？ それでも、韓国にしろ、米国にしろ、北は支援を受けている相手だし、対外的には良好な関係とされているわけだ。日本だって、憎まれているけど、こうして招待されているのだから。あの将軍様の胸のうちは一筋縄では読みきれない。まったく！

大きな車座になって、座っているが、耳打ち情報の発信元が通訳なのか、ホステスなのか、旅行仲間なのか、一体誰が情報を流しているのか。いずれにしろ、彼らはアリラン祭を目指して、朝鮮に一時帰国している在外の北朝鮮人にちがいない。

彼らのうちの1人がマイクを持つと、その唄を知っている人が、次々と出ていって加わり、どんな歌も最後はみんなで、スクラムを組んで合唱になる。日本のカラオケ風景とは違うし、言葉も違うが、ふるさとに戻った在日の朝鮮人だろうか？ やがて、1人がマイクを持って、伴奏もなしに、歌い始めた。次々と仲間が加わり、お決まりの全員合唱になる。この時は厳粛な雰囲気で涙さえ浮かべている。朝鮮の国歌だと、また耳打ちが入った。これは信じられる。

サービス業を知らないホステス

彼らが退出すると、私たちのグループだけになった。裾を大きくひろげた華やかな色彩のチマ・チョゴリのホステスが3～4人いて、それだけでも部屋の雰囲気は明るいが、誰もが無愛想で、気が利かない。ビールやカクテル（だったと思うが）など飲み物のオーダーを取りにくるわけでなし、歌を勧めるわけでもない。

やがて分厚い写真用のアルバムが回ってきた。見れば、パソコンで打ち出された明らかに手づくりの印刷物が挟み込まれていて、日本語と、ハングル文字がページの左右に分かれたカラオケメニューになっている。アリラン祭観光の日本人客のために、準備したにちがいない。

メニューも、ホステスも、カラオケルームさえも明らかに、外貨稼ぎのためのにわか作りと思われた。サービス業を知らない国で、ホステスは見よう見まねの経験もないのだろうし、仕事のノウハウを授ける上司もいない。1万円も出す我ら特上客10人を部屋の出入り口近くのソファにすわらせたまま、彼女らは奥の方のカラオケ機械のそばに、はり付いている。1人のホステスは、曲に合わせて、ダンスの相手をしていたが、番号で注文された曲を、機械操作して、音を出すのが彼女らの仕事と決めているようでもあった。

この国の空港に着いたときは空港スタッフに、バスを降りるときはガイドに、何とかの一つ覚えのように、必ずカムサハムニダとあいさつをしてきた。

「ありがとうでも、カムサハムニダはあらたまった言い方です。カンシャという日本語はカムサハムニダから来ているんですよ。音が似てるでしょう。日本語には朝鮮語と似た言葉はいっぱいあります。くだけた雰囲気のありがとうは、コマッスミダといいます」とキムに教えられたことを思い出した。

歌の順番が来たら、天童よしみの「珍島物語」を選曲しようと決めていた。歌詞の中にカムサハムニダがあったからだが、そんなものはリストになかった。

「韓国の唄だからないんだよ」と誰かがいう。そうかもしれないが、リストには裕次郎や美空ひばりなど昭和の唄ばかりだから、これでも、私が唯一歌える平成の曲で、新し過ぎるのかもしれないと、内心思った。

私たちをにわか仕立てのカラオケスナックに案内してくれた2人の通訳は、マイクを握ることはなかったが、監視役と外貨稼ぎの一翼を担って、帰りはホテルのエレベーターまで見送ってくれた。「カムサハムニダ！　コマッスミダ！　そしてアンニョンヒ、チユムシブシオ（おやすみなさい）！」。間もなく12時。急がないと、魔法がとけちゃう！　シンデレラ！

日本人10人で、一晩10万円。あのもうけは、どう分配されるのか？　どこまでの幹部が承知しているのか？

インテリが必要なチュチェ思想

街の中、人の集まるところ、道路脇のいたるところに、主席の大きな肖像画が掲げられていることは、前述したが、重要施設にはどこも、記念碑や銅像があって、それらはどれも、とてつもなく大きい。万寿台の金日成の巨像は、世界一大きい銅像という。銅像といえば緑青の出た黒みがかったものを連想するが、この銅像は柔らかなブロンズ色の光沢を放っている。彫刻の専門家によれば、「青銅のものとは仕上げの違いだけで、光沢を維持するために、高価な薬品処理をしているのだろう」との説明。

奈良の大仏は屋内にあるにもかかわらず、年末の風物詩として、すす払いの様子が伝えられる。外気にさらされた主席の像だ。最高級の資材と合わせて、寸分の埃もつかぬよう、日夜、磨かれているのかもしれない。（参照　口絵写真③）

日本軍の圧政から民衆を解放した英雄は、ピョンヤンを見下ろし、人民の進む道を示すかのように、右手を高く挙げ、ポーズは革命家だが、詰め襟の人民服の上に、すっきりとコートを着こなして、なかなかダンディだ。そういえば、息子の正日はいつも詰め襟の人民服で、コートなし。温暖化のためというより、ファッションセンスの違いだろう。大同江を見下ろす日成の巨像は、夜になると、高い照度でライトアップされ、一段と神々しい。日本人の感性でいえば、電力不足を嘆く傍らで、信じられない話だ。

船上バーベキューを楽しんだ大同江から見えた金日成広場の主体思想塔の高さは１７０メートルもあって、これも石塔として世界一の高さという。１９８２年、日成が70歳の生誕記念に建立されている。撮影許可が出たので記念写真におさめようとしたら、人間が豆粒になり、塔のてっぺんははみ出してしまった。

主体思想とも訳されるチュチェ思想は、金日成がソ連に抵抗し、北の自主性と主体性を主張するために打ち出したもので、これを正日が体系化していき、この国の思想の根幹になっている。

チュチェ思想を一言で説明するのは、難しい。電子百科事典ウイキペディアは、「革命と建設の主人公である人民大衆は必ず首領の指導を受けなければならない。首領は頭であり、党は胴体であり、人民大衆は手足と同じである。胴体と手足は頭が考えたとおりに動かねばならな

◀チュチェ思想塔と革命の像。ハンマーは工夫、鎌は農夫、ペンはインテリ。３人の衣服の違いと女性がいることに注目。金正日はインテリのスーツを着ない。塔の文字はチュチェ。夜はライトアップされて大同江を照らす。170メートルの高さは世界一という。

い。頭がないと生命は失われる。よって、首領の権威は絶対的であり、全ての人民大衆は無条件に従わねばならない」と解説し、どのように解釈が変遷をとげても、この指導者原理だけは変化していないとある。

煎じ詰めれば、こういうことになるのだろうが、北の人民が心酔するだけあって、オブラートに包まれたり、装飾を施されてりして、多様な形に表現されている。儒教の教えも入っていると聞く。

思想塔の前には、ペンとハンマーと鎌を持った3人の男女の像があり、ペンはインテリでスーツを着ている。ハンマーは人民服の労働者、鎌は民族服の女性で農民を表しているそうだ。労働者と農民は理解できるが、言論の自由もなく、首領に無条件で従う超独裁的なこの原理に、なぜペンなのか？　自らの考えを持ち、創意工夫するインテリは独裁者にとって邪魔者ではないのか？

こんなきわどい質問はとても口にはできないが、仮にキムに尋ねたら、多分こんな答えがくるに違いない。

「とんでもない。共和国は教育を大切にしています。その証拠に日本より義務教育期間は長いでしょう？　その後の大学・大学院まで、教育は全て無償です。勉学に励んだ優秀なインテリこそ、この国を支えていくことができます」。とまぁ、こんな風なことではなかろうか？

事実、北朝鮮が崩壊しないのは、思想教育がしっかりしているためという意見もあるくらいだ。

会話は、思いがけない展開を期待できるときは、楽しいものだが、予測の範囲の虚勢が続くと、食傷気味になってくる。

それにしても、軍事技術に携わるインテリの存在は否定できない。２００８年のテポドン2号の推進力は98年の1号の8倍にもなり、一段目の上昇速度は日本のＨ２Ａ型ロケットを上回り、核開発のレベルも格段進歩しているという。

学校教育で最重要視されているのは、政治思想と科学技術と体育の3分野だと、断言するのは、北朝鮮の教育事情に詳しい吉田康彦で、著書「北朝鮮を見る、聞く、歩く」に記されている。

そういえば、オウム真理教の幹部も、サリン製造など、高度な科学技術を駆使する高学歴のインテリだったし、アメリカの９・11テロ実行者も、航空機に対する高度な知識と操縦技術を取得していた高学歴のイスラム原理主義者だった。

これらのケースは、高度な科学技術の知識と、偏狭な思想が結びつくことの恐ろしさを物語っている。人類の恐怖、核兵器も高度な科学分野の知識と技術から生まれたが、その使用について、人間として適正な判断力が欠如していた。これらの事例を見ても、独裁者の思想の批判を許されず、軍事技術にとりくむインテリは危うい。

日本の子どもの理科離れや、科学技術予算の脆弱さが昨今、反省されているが、バランスのとれた人間を作るため、教育内容の吟味はいつの時代も重要な課題だ。

万寿台の記念碑には「金日成将軍　万歳」とハングルで書かれた旗の下で、武器を持った群像が、全員一斉に同じ方向を向いている彫刻があった。

「銃口の先はどこですか」。ガイドに尋ねた。

「これは抗日戦争を表したものです」

「つまり日本ということ?」

「そうです」

「あちらは朝鮮動乱を表しています」。説明はもう一方の群像に移っていた。

日本人は戦争をすでに過去のものにしているが、彼らにとっては、今も戦時下であり、独裁者は意のままに憎悪の空気を送ったり、抜いたりしながら、民衆の敵意をあおり、戦力の増強をはかっていることを忘れてはいけない。

北朝鮮に足を踏み入れたときは、東欧の民主化と東西ドイツの統一、ソ連の崩壊が立て続けにくりひろげられ、共産主義国が次々に白旗を掲げているさなかだったから、この絶対的な首領の存在と、チュチェ思想は、早晩破綻するのは間違いないと、正直なところ、深く確信したものである。それが5年経ち、8年経っても、この国の好戦的な体質は相変わらず強固で、人民はいっそうやせ細り、軍事力は太る一方だ。

第5章❖

気になる教育事情

学童保育兼クラブ活動の学生少年宮殿

醒めてみれば、なぜかと不思議になるくらい、国まるごとの催眠術に、人は容易にかかることを、私たちは経験している。日本人が一丸となって、突入した太平洋戦争は、今から65年前に終わった。私が3歳になったばかりで、記憶にはないが、私より10歳も年長の昭和一桁以前の人なら、知識人である賢き科学者や文化人、芸術家たちも、一部の例外を除けば、皆、疑いのない軍国少年、少女だったと告白する。

情報を閉ざした北朝鮮が、子ども達にどんな教育をして、どんな人を作ろうとしているのか、現行教育にはありあまる関心がある。

教育施設と称される学生少年宮殿に到着すると、すでに何台ものバスが着いていた。私たちと同じように、フロントガラスには番号がついている。アリラン祭を見に来た外国人団体にちがいない。

ここにも、金日成主席が1人の少女の肩を片手に抱いて、何人かの青少年と対面している大きなブロンズの群像が目に入った。主席がいかに、青少年に慕われ、敬われているかを表現している。

チュチェ思想塔のペンとハンマーと鎌を持った3人の革命家の銅像にも、女性が入っていたし、ここの群像にも、少女や若き乙女の姿がある。日本の銅像に果たして女性はいるだろうか？家にあっては父に従い、嫁しては夫に従い、夫の死後は子に従う儒教の教えが色濃いとされていた朝鮮半島で、三従の道は、チュチェ思想にすっかり払拭されて、建前的には男女平等の思想が取り入れられているようだ。

コンクリートの施設は巨大で、５０００人が収容できるという。ガイドの後について玄関内に入り、階段を上ると、二階から階段席になっていて、一階の舞台が見下ろせる。ホールの定員は１０００人という。私たちは真ん中あたりの席に案内された。会場は子どもや母親ですでに埋めつくされ、旅行中で、もっとも生活する地元の人々の匂いがして、嬉しかった。それでも、座席が指定されていて、彼らと気軽にコミュニケーションをとることなどは全く不可能だった。

音楽はドリンク剤？

開幕は５時。といっても、幕があるわけ

▼万景台学生少年宮殿の庭で。金日成を慕う子どもと若者の像。背広の若者はペンを持つインテリ。放課後、ピョンヤン市内の子どもが集まって、特技を磨く。

でない。音楽と照明で、オープンは充分わかった。舞台の上手と下手にわかれて、5、6段のひな壇に整列したまま待機していた少女たちが、スタートと同時にひな壇ごとすべるように舞台の中央に移動する。歌いながらの登場である。電動式可動ひな壇とでも、命名したらよいのか、プログラムの進行は、この動くひな壇の大活躍で、終始寸分の時間の無駄もない。舞台衣装は華やかだ。演目の最初と最後の背景には、決まって総書記の大きな写真がアップされた。

朝鮮の歌といえば、アリランを思い出すが、あの叙情性は今のこの国の音楽にはないのか、人々を、戦え、戦えと鼓舞するような力強い音楽ばかりだ。

そういえば、ホテルの朝食会場にも、行進曲風の合唱が2拍子か、4拍子で、BGMのように流れて、毎朝、ドリンク剤のように気合を入れられた。BGMが斉唱と決まっているのも、ハーモニーを楽しむというより、歌詞に意味があるからだろう。甲子園の高校野球で披露される校歌のような歌唱法で、高らかに歌い上げる。一度、隣に居合わせたキムに歌詞の意味を聞いたら、朝日と将軍様を褒め称えている内容だと説明してくれた。

学生少年宮殿の子ども達の合唱の音階や、踊りのリズムは紛れもなく西洋音楽で、バイオリンやチェロの弦楽器から、木管、金管楽器、アコーディオンとほとんどが西洋楽器だが、民族楽器の弦楽器と打楽器が、わずかに加わっていた。

十年一昔にならえば、昔が3つにもなる過去のこと、金日成が元気バリバリのころになる。東京・小平の玉川上水を散歩していたら、朝鮮大学校の敷地からオーケストラの音が聞えてきた。守衛だったか教官だったたか、居合わせた職員に頼んで、庭から練習風景を覗かせてもらったことがある。

今では考えられないことだが、頼む私に他意はなかったし、受ける側も気軽に応じてくれたので、校庭からしばらく練習の風景を見せてもらったことを思い出す。日本の学生オケと遜色のない腕前で、何よりも各パートが揃っていたのに感心した。

大学校の定員はわからないが、小規模校でフル・オーケストラの編成ができているだけでも、たいしたものだ。どんなオーケストラでも、マイナーなファゴットやビオラなどの楽器が必要なため、町や大学にオーケストラが存在することは、それ自体、文化のバロメーターになる。

バイオリンの後ろで、馬頭琴だか胡弓のような民族楽器を、2、3人の女子学生が演奏していた。楽器を膝の上に置いて演奏していたが、弓の動きは同じだったから、バイオリンのパート譜を一緒に使用しているのだろう。民族楽器の奏者も、やはり、洋楽にひかれるのだと、思ったりしたものだ。今にして思えば、この国のことで、演奏楽器の選択が、個人の志望に関係ないのなら、オーケストラ編成もそれほどむずかしい話ではないのかもしれない。

音楽の才能は、他の分野に比べて、早い時期に芽を出す。ピョンヤンには音楽大学もあるので、早くから頭角を現わした子どもの進路ははっきりしている。幼児から才能教育が必要とされる音楽の世界では、家庭の経済力も大きくものをいうから、その点で、教育を無償で受けられる才能のあるピョンヤンの子どもは幸せだ。ただし、国際コンクールで活躍できるほどの才能に恵まれていたとしても、国外で競うこともできないから、決して手放しで幸せと礼賛することはできない。鎖国同然のこの国で、2008年にはニューヨーク・フィルがピョンヤンで演奏会をしていて、団員は音楽大学にも寄り、彼らの腕前を褒めていたと聞く。プロレスばかりではない、人々の趣味や関心事の広さを知る。

5千人から選ばれた子たち

オペレッタでは、バック・スクリーンに金日成や正日の肖像写真、万景台の生家などが次々と映し出されていたから、偉大なる首領様の生涯と、将軍様を讃えた革命の歴史に違いない。言葉がわからなくても明確に理解できたのは、イソップのアリとキリギリスを演じた舞踊劇だった。夏の間、遊び続けたキリギリスは、働き続けたアリと違って、冬になると、食べ物のたくわえも無く、死んでしまうという教訓は、この国の子どもにはぴったりするはずだ。私も戦後このような教育を受けて、ＧＤＰ世界第2位の日本の繁栄を築き、担ってきた世代の一人だ。

それにしても、都内の朝鮮学校で見た発表会のスタイルや演目に酷似している。ただし、本場ピョンヤンはスケールが大きいし、出演する子どもたちはあきらかに、多くの練習時間を費やして、技術を磨いている。何よりも、舞台の大道具、小道具、音楽、衣装、照明等は、本格的でプロなみだ。出演者は6歳から17歳の義務教育期間中の子という。この日の見事な演技はピョンヤン学生少年宮殿に通う５０００人のなかから、選ばれた子どもたちのものだとキムの解説。出演者は、ザッと計算して、２００人くらいだろうか。どの子も見事な出来栄えで、演技に非の打ち所がない。

アコーディオンの上手な子は徹底的にアコーディオンを練習し、舞踊の得意な子は、集中的に舞踊のレッスンを重ねるのだそうだ。指導する教師の側にも、教わる子どもの方にも、この国の最高指導者への忠誠心が重く作用し、モチベーションを高めていることは疑いない。舞台上の子供たちの面持ちは、緊張している。

彼らの中からさらに抜擢された子が、アリラン祭にも出演できるし、卒業してから、社会の中で優位をしめて、より一層この国の独裁体制を強化していく。

ピョンヤンには、このような巨大な教育施設が2か所あって、もう一つの万景台学生少年宮殿はさらにビッグで、多彩な施設と聞く。放課後になると、市内の学校に通う子ども達がバスで2か所の宮殿に運ばれ、毎日2時から特訓を受けているのだそうだ。施設を宮殿と名付けるところがいい。どこかの国の授産施設などというネーミングに比べたら。

適材適所で受ける教育

旅行中、キムがもっともフランクに説明してくれたのは、教育に関する話題だった気がする。私たちも気軽に質問ができた。小学校の子どもにとって、ここピョンヤン学生少年宮殿は日本の学童保育所代わりになるし、中学校の子には、クラブ活動の拠点となる。

ハンは人民学校に通っていたころ、ここに出演したことがあるというし、キムの息子は、もう一つの別の施設で、目下、訓練を受けているそうだ。

キム自身は、サッカー少年だったから、放課後は毎日サッカー場に通って、サッカーをやっていた。ある時期、サッカー選手にまでなれないとわかって、通訳に道を変更したという。サッカーか歌か踊りか通訳かは、子どもの適性で決められるという。

「それは何歳のときでしたか？ 適性の変更は、自分の判断でしたか。両親か学校か、他の誰かが決めたのですか？」としつこく尋ねたが、彼の語学力のせいか、説明はタブーなのか、答えはあいまいだった。通訳として、彼が日本語を選んだのは、英語の方が難関だったからとポロリとこぼした。キムはお国のため、首領様のためには、見栄を張っても、自分のこととなると、決して見栄っ張りでないことがわかった。

ごく最近のピョンヤン外国語大学で、もっとも重視される外国語は日本語だということを、朝鮮大学校の関係者から聞いた。それだけ、将来、日朝関係を重視しているとも。

適性にそって、訓練を受け、才能をひき伸ばされ、晴れ舞台を踏む子ども達は、目的達成のための充実感と併せて、チュチェ思想を深く吸収する。我が子の晴れ姿に見入る母親達も、満足と優越感で誇らしく、この幸福感は他でもない将軍様のおかげと感謝し、一層この国の体制維持強化につとめる。自己実現の機会も、娯楽も極端に限られた人民の幸せメニューだ。

ところで、この施設に通える子どもは、北朝鮮全体の何％になるのか。正式に発表はされていないが、ピョンヤンの人口は北朝鮮全体の約10％という説に従えば、子どもの割合もそんなものだろう。9割の子ども達にはこんなチャンスは与えられない。そもそも望んでも親子代々ピョンヤンに居住する自由もない。

旅の案内には、教育参観、サーカス見学とあって、楽しみだった参観がこれにあたると聞いて、がっかり。訓練を受けている子ども達の日常、つまり舞台裏の素顔を見たかったが、無理だった。教育はプロセスが大事だが、ここは結果しかない。サーカスの曲芸は、もっとすごいと、キムが誇らしげに宣伝したが、これ以上見る気は起きない。

身体を動かすのが苦手で、一人読書をしたり、思索することを好む子にとって、あるいは、探求心旺盛で、人の言うことを鵜呑みに出来ない子にとって、この国は生きにくかろう。「障害者は人間以下に扱われるんじゃないでしょうか」。聴覚機能を全く失った友人の言葉は、残念だが当たっている。一糸乱れぬ演技の陰に、多くの虚弱児や障害のある子どもたちが排除されているのは、明らかだ。

強い子は部分的にめっぽう強くなるかもしれない。それがオリンピックやワールドカップの選手を育て、国威発揚につながることもあるだろうが、そういうケースは確率的にも稀なことだ。

オリンピックで不敗の田村亮子（現・谷亮子）を破って金メダルに輝いた桂順姫《ケスンヒ》は、英雄として、ピョンヤン市内の高級アパートに住み、ご褒美のベンツを今も乗り回していると聞くが、一方で、敗れたサッカー選手が、罰として苦役を課せられているという光景を、日本の民間テレビが報道していた。

通訳のキムもハンも、北のエリートだから、優れた子が抜擢される教育制度を疑いなく、自慢する。励んでも、励んでも、舞台に上がれない圧倒的多数の子ども達とその親たちの心情をおしはかる必要はない。

時間厳守の民族

予定通り6時半に、演技は終了して、私たちはバスで夕食の会場に向かった。この国のイベントの時間が、正確に守られているのは、特筆すべきだ。

これは日本人にもあてはまるのではないかと、歴史的なオバマ大統領の就任式をテレビのライブで見ながら痛感した。テレビ中継が始まる段階で、オバマの行動は予定より15分だったか30分だったか、遅れていると、日本人のアナウンサーが繰り返し解説していた。ホワイトハウス内の柱の陰に、オバマを探す動きからテレビ中継が始まったのも、そのせいだろう。この時の気温は氷点下で、戸外で待ちわびる何万人もの人々は寒さに震えていた。直立不動の儀杖兵らが、白い息を吐きながら、寸分の隙も見せずに整列していたし、ファンファーレを鳴り響かせるトランペット奏者の指は冷たくこごえて、任務の遂行を待ちわびていた。世界中のテレビカメラが構えていたなかで、オバマは登場するが、例によって、顔を斜め上にあげ、ホワイトハウスの階段を、ゆっくりと足を運ぶ。左右に並ぶ人々に、笑顔を投げかけ、歩みをとめ、あるいは足を向けて、握手ばかりか、親しみのハグまでして、悠然と宣誓式の演壇にたどりついた。彼の表情には、遅れたスケジュールへの気遣いなど毛頭感じられなかったし、側近もそんなことを伝える必要を感じていなかったにちがいない。日本だったらどうか。重要なセレモニーで、たとえば、天皇のお出ましが、予定より15分遅れたら、側近はとりもどせるものなら、と

▼抗日戦争を表す人民の群像。金日成将軍万歳とある。万寿台の金日成の銅像と並んでいる。

りもどそうとやっきになる。

毎年8月15日、日本武道館で行なわれる戦没者追悼式の模様はテレビ中継されて、多くの日本人の脳裏に刻まれている。天皇・皇后が菊の花で飾られた「全国戦没者の霊」の前に、歩み出ると、ピッタリ正午の時報が鳴り、天皇・皇后が遺族とともに1分間の黙祷を行なう。歩みの途中で時報がなったこともないし、霊の前で、何分も待ったこともない。昭和天皇の時代から続いている神業のような進行に感心する。この式典の開始時刻が11時51分とあったから、セレモニーが分刻み、いや秒刻みで、正確に、挙行されていることがわかる。

この正確さを求める性格は日本と

北朝鮮に共通している。

外国語教育の実情は？

ピョンヤンで、初めて出会った現地の人は、当たり前かもしれないが、空港で働く若い入国審査官だった。彼は英語で問いかけてきた。どこから来たのか、何日滞在するのかなど、どこでも尋ねられる質問のあと、荷物の到着順で、たまたま私が一番先頭だったこともあり、団体の参加者数など簡単なことも尋ねられた。その英語に特別な違和感はなかったし、インドやオーストラリアのように、特徴のある発音でもなかったし、かつての日本人のような英語でもなかった。

外国語を学ぶということは、その国の文化や歴史、考え方なども一緒に学ぶはずだが、情報を閉ざした国では、どんなカリキュラムになっているのか。

誰しもが義務教育の高等中学校で、6年間は英語を学んでいるはずだが、日本語通訳のキムやハンに限らず、国際ホテルの売店でも、レストランでも、英語は全然通じない。これは日本より、ずっとひどい。

日曜日の昼下がり、金日成広場は、主席の生家のある万景台の公園広場と違って、いちゃつく恋人の姿などはないが、比較的自由な雰囲気がある。ベンチに高校生くらいの年齢の男の子が2人座っていた。制服が学生か訓練兵なのか、わからない。話しかけるのはご法度ということも忘れて、"Are you students?" と聞いてみた。2人で顔を見合わせている。もういちど、ゆっくりくりかえした。2、3回聞いてみたが、答えはなかった。これで、本当に英語を勉強しているのだろうか。

忘れもしない私が高校2年生のときのこと、当時住んでいた横浜にボストン交響楽団が来るというので、私たちオーケストラ部員は沸きたった。この時代、高校のオーケストラはまだ珍しく、顧問の音楽教師の尽力で、会場内でのプログラム売りのアルバイトにありつけた。幸運にも、コンサートの2曲目から、入場して、無料でボストン・フィルの生演奏を聞くことができたのだ。音の悪いラジオで聞いても、海外一流の交響楽団の演奏は、日本のオーケストラとははっきり違いがわかる時代だった。

プログラムを並べた長机を前にして、盛装をした外国人のカップルに、英語でなにかを尋ねられた。全くわからない。チンプンカンプンとはこのことだと思った。このとき、隣にいたホルンの同級生がさっと応答してくれた。彼は教会でネイティブから英会話を学んでいるという。聞けば、あまりにやさしい英語だったので、それまで学校で学んできた英語は何だったのかと、ひどいショックを受けたものだ。同世代の日本人の多くが、こんな体験をしているはずである。2人が立ち去ったあと、優雅なオーデコロンの香りに包まれながら、しばらく呆然としていた。

その晩から、ボストン・フィルの重厚で澄んだ音と、ネイティブの英語は、私にとっての〝坂の上の雲〟になった。

当時の英語教育は読み書きが重視され、ネイティブと会話する指導は皆無だった。島国の日本では、外国人と交流する機会はまれで、文書の交流でつきあうことの方が断然多く、会話より、書物の中身の方がずっと幅広く深いことが学べるという価値観が支配し、読解力の習得の方が重んじられていたからである。

そもそも論からすれば、言語は人と人とのコミュニケーションの手段から生まれたもので、会話のできない読み書き重視の外国語の指導法は、地球上を人々が容易に行き来する時代には合わなくなっている。しかし情報を遮断しなければならない北朝鮮では都合の良い指導法として、大いに採用されているはずである。この推測が当たっているか、若者に声をかけてみたわけだが、無視されたのは、私の英語が日本人英語だったからかもしれないし、彼らはみだりに外国人としゃべってはならぬと教育されているゆえかもしれない。

この国も、最近は、英語とコンピューターに力をいれて、両方とも小学校3年（8歳）から必修になっているそうだ。

日本は2011年度から、小学校5、6年生の英語が必修科目になるから、この点では北朝鮮の方が一歩先んじている。鎖国状態の北朝鮮が、敵国の言葉にもかかわらず、国際語として、英語に力をいれているという事実に、北朝鮮の深慮遠謀な計画を見る。

「北朝鮮の歴史教科書」

訪朝した翌年の2003年3月、「北朝鮮の歴史教科書」が徳間書店から出版された。初めての日本語訳で、編訳者、李東一《リドンイル》氏によれば、脱北者にも現行教科書に間違いないと確認してある。

彼らは11歳から17歳の6年間の中高一貫制の中学で、金日成の誕生から死去までの「革命歴史」を、異なる教科書で2回繰り返して学ぶという。もちろん2回目は量も多く、内容も詳しい。翻訳された「北朝鮮の歴史教科書」は、最終学年用で、日本の高校2年生に相当する生徒のための歴史で、「革命歴史」の総仕上げということになる。

北朝鮮の義務教育制度を繰り返すが、6歳で幼稚園に1年間通い、7歳から小学校で、4年間勉強する。このあと11歳から中学校で6年間学び、17歳で卒業になる。6歳から17歳までの総計11年間の義務教育が終わると、専門学校や大学への進学か、就職か、軍に所属するか、3つのコースに分けられる。

2008年の国連基金調査報告でも、11年間の義務教育により、10歳以上のほぼ全員が読み書きが出来て、5歳~16歳の登校率はほぼ100%という。障害児学級がなくても？　不登校の子はいないの？　細かく尋ねればいっぱいあるが、学校にも通えない戦場の国など、世界全体の中での数字と受け止めなければならない。

翻訳された「革命歴史」はB5版、197ページの左側に原本通りのハングルと写真が、右側に日本語訳があり、日本人向けに、語句の解説がついている。

「北」まで行っても、うかがい知ることのできなかった教育の一部の補足に、この教科書に登場してもらう。教師は、教科書〝を〟教えるのではない、教科書〝で〟教えるのだというのは、教科書検定で、学校現場が揺らいだときの教訓だ。日本でさえそんな確認があるくらいだから、「北」にとっての教科書は絶対で、子ども達はこの教科書の中身を忠実に教えられているはずだ。

この歴史教科書の冒頭に、金日成は大元帥、金正日は元帥の称号が与えられていると紹介され、本文中の2人の名前と彼らの言葉には、太いゴチック体の活字が使用されている。文章の頭になる主語は、ほとんどが偉大な首領金日成大元帥様で始まり、多いところでは一つのページに4、5回は登場する。

ちなみに、金日成、正日の呼称をどうするか、訪朝した小泉総理は、頭を悩ました末、金正日と差し向かいの会談で、「北」については〝おくに〟と表現し、正日については、国防の肩書きである〝委員長〟と呼んだという。この気遣いが、通訳にどう活かされたのかはわからないが、日本語で記されたピョンヤン宣言には、日本国総理大臣小泉純一郎、朝鮮民主主義人民共和国国防委員会委員長金正日と両名が署名されている。この訪朝記も、将軍様、委員長など、正日の肩書きは内容に即して、それも気分ではあるが、様々になってしまった。

反米、反韓をあおる教育

「北朝鮮の歴史教科書」は、10節に分けられた目次があり、いずれもセンテンスは長い。総仕上げの教科書の最後の10節目の目次には、長い文章が二つ列挙されている。

一つ目は、「世界の自主化を実現し、帝国主義者たちの反社会主義的策動を叩き壊すための闘争」とあり、

二つ目は、「偉大な首領**金日成**大元帥様はわが人民と世界の革命的人民の心の中に永遠に生きておられる」とある。

多感で何事も吸収できる17歳のやわらか頭が、帝国主義を仮想敵にして、徹底的に叩き壊すための洗脳教育を、教室で、真顔の教師から学ぶ光景を想像する。

大韓航空機を爆破した金賢姫《キムヒョンヒ》は、囚われた韓国で、垣間見た町の様子が、自由で明るく発展していたのに驚き、自国で教えこまれたことと事実があまりに違うことを悟り、罪状の告白を決意したという。百聞は一見にしかずという諺があるが、子ども達を完全に目隠ししておいて、自国だけが素晴らしい、敵は悪者、叩き壊せと教え込む国が核を保有しているのだから、隣国の日本はウカウカできない。

後半の金日成の死については、「一生涯祖国と人民のために、すべてを捧げられ、精力的に革命と建設を導かれたわが党と人民の偉大な首領**金日成**大元帥様におかれては、主体83（1994）年7月8日、急病によりあまりにも意外に逝去されました。わが人民は天が崩れるかのような悲報に接し、血の涙を降らせ、大声で泣いて慟哭し、身悶えした」と、嘆き悲しむ人民の様子がオーバーな表現で記されている。

ここでいう主体83年とは、金日成が生まれた1912年を主体1年とする北朝鮮の元号で、日成没後から使われている。日本の元号と異なるのは、金日成が死んでから採用され、死んだあとも続いている点である。

ここは金日成の革命事業の生涯の最終章にあたり、死の数日前からは、一日も休まず、仕事に専念している日成の様子が、日めくりカレンダーを追うように、毎日こまごまと記されている。

歴史教科書は「敬愛する**金日成**大元帥様は、最も偉大な理論思想家であられ、領道の天才であられ、わが民族の慈愛あふれる父であられた。――われわれは何よりも偉大な首領様を永遠に高く仰いで戴く、真の共産主義道徳観を打ち立て、首領様の思想と偉業、不滅の業績を限りなく輝かせていかねばならない。われわれはまた、偉大な首領様の革命思想で、よりいっそう徹底的に武装せねばならない――」。

金日成の偉業と、武装の必要性を説いたあと、「偉大な領導者**金正日**元帥様をしっかり敬い崇めることは、敬愛する首領様が生前に最も懇ろに言われた頼みである――。偉大な領導者**金正日**元帥様は、すなわち敬愛する首領様である」。日成から、息子の正日へバトンが継がれる歴史的な転換を、あっけないほど、簡単に説明して、歴史は終了する。つまり、正日が後継者となったのは、彼の資質とか業績によるものではなく、絶対と崇める日成が次期指導者と指名したから、それに従うのだという。

李東一によれば、金日成・正日親子については、この歴史を学ぶ前段階の小学校と幼稚園でも、幼年時代のエピソードなどが教えられているという。

近代の歴史を教えない日本の教育も問題だが、直近の指導者ばかりを、子供たちに丁寧に教え、独裁体制を一層強化していく様子はさらに深刻だ。

加えて、歴史教育ばかりでなく、他の教科書でも、金日成、正日親子をいつも登場させて、称揚する一方で、反米、反韓を煽っていると李は例証する。

「敬愛する父、金日成元帥が誕生され、幼い時期を送られ、革命の大きな志を育まれた由緒深い万景台に学生336名が見学に行きました。バス1台に48名ずつ乗ったとしたら、バスは全部で何台でしょう」。これは小学4年（11歳）の算数。（北朝鮮では数学という）

「人民のおじさんたちが、ある闘争で、オオカミの米国の奴らを265人も殺し、残りの157人は生け捕りしました。初めにオオカミの米国の奴らは何人いましたか？」。同じく2年（9歳）の数学。

「南朝鮮のある農民は、飢えている家族たちを当座食べさせていかせるために、高利貸し業者に3万ウォン借りてきた。この悪どい高利貸し業者は4年後に、年利10割で返還を求めてきた。貧しいこの農民はいくら払わねばならないか」。これは、中学3年（15歳）の代数だ。全教科書を総動員して、敵国への憎悪をつのらせ、愛国心を高め、首領の絶対性を、強固にしている。まさにマインドコントロールの術を見せつけられるが、教育全体の柱に、「革命歴史」は据えられている。

朝鮮民主主義人民共和国という国名

チョーセン。音の響きがいい。日本人の意識にバイアスがかかっていなければ、澄んでいて、美しい音声の国名だと思う。朝鮮。朝《あさ》・鮮《あざ》やか。漢字の意味も、なんと素晴らしく、美しいことだろう。そんな国名を持つ国の正式名称は、朝鮮民主主義人民共和国という。この国名の意味を、子どもたちはどのように教えられるのだろうか？　また大人達はどのように理解しているのだろうか。

広辞苑によれば、民主主義は「権力は人民に由来し、権力を人民が行使するという考えとその形態」「基本的人権、自由権、平等権あるいは多数決原理・法治主義などがその主たる属性であり、また、その実現が要請される」とある。〝共和〟については、「政治社会が構成員全体のものであり、その共同利益のために存在するとみなす考え方」とある。憎き米帝国の政権を担う二大政党の名を冠するばかりか、その真ん中にリンカーンで有名な「人民」も入る。

言葉に意味があるなら、朝鮮民主主義人民共和国という呼称は、かつては指導者が希求する国家像であったのかもしれない。今やその原点ははるか遠くに遊離している。これほど空虚な言語の使用が許される国では、人々が発する言葉のすべてが、力を失っていくのではないか。

公式発表がないので、参考程度にするようにとウェブで断りがある朝鮮民主主義人民共和国の憲法は、1948年に初めて制定された。

「主権は人民にある。言論、出版、結社、集会、示威の自由を有し、民主主義政党、職業同盟、協同団体、体育、文化、技術、科学その他の団体を組織すること、参加することを保障する」等々、国名に恥じない立派な条文が連なっている。もっとも最新版の憲法も似たり寄ったりの立派な表現ではあるが、それは脇において話を進める。

当初、憲法が制定された時点では、屈辱的な日本の支配を跳ね返し、人民を勝利に導いた金日成は、分断された南北を統一する課題はあったにせよ、指導者として、圧制から解放された勢いと喜びで、心底、国家の安寧と民衆の幸せを願っていたと想像できる。大判振る舞い的な国名も、夢と願いをかけた結果だと信じたい。

その後、打ち出した独自の主体《チュチェ》思想は、艱難辛苦《かんなんしんく》の侵略を経験した金日成なればこそ、ソ連からの従属を排し、民族の自主性と主体性を強調するために編み出した独自のものと理解することができる。その目的のために首領の絶対性を確立し、自身の統治権を強化する必要があった。この思想に対する優劣の評価はさておき、民族の幸せを願えばこその出発点だったと信じたい。

やがて、チュチェ思想は同国憲法の中心理念に据えられ、金日成の没後は、後継者の長男正日に継いでいく。

同じ社会主義の国キューバ

ピョンヤンの街を見学しているとき、キューバにある北朝鮮の立派な大使館をふと思い出した。北朝鮮訪問の2年前、女性運動の実情を視察するためにキューバ共和国を訪問した。首都ハバナのめぼしい建築物といえば、スペイン領時代のままのヨーロッパ風のものが多かったが、大使館はそれらとは趣を異にした立派な建物だった。メインストリートに面した広い敷地は、鋭い矢尻を装飾にした塀で囲まれ、正面に朝鮮民主主義人民共和国大使館とあり、同じ東側陣営の繁栄を誇示しているかのように見えた。

燦燦と降り注ぐ太陽、白い砂浜とトルコブルーの海、町を流れるサルサのリズム。500年以上も前、コロンブスに、「人が目にした最も美しい所」と絶賛されたこの島は、当時も変わらず美しく、魅力的だった。

ハバナの街中を、古い映画か博物館でしかお目にかかれない年代物のポンコツ車が走る姿は、町の風物詩のようで、ユーモラスにさえ映った。

長い間、1台の車も輸入できず、廃車から使用できる部品を取り出して、新たな別の車を作り出しているのも、必要にかられてのことだろうが、マニアックな技術を誇るかのようでもあった。廉価のガソリンを使用しているせいか、排ガスの黒煙が貧しさを物語っていた。

東西の冷戦が続いていた時代に、東側の共産主義を選んだものの、親分格のソ連が消滅して、支援を失い、隣接する大国アメリカからの経済封鎖が続くなか、物質不足にあえぐ市民の窮状は北朝鮮に酷似している。

友人のお供で、文化大臣を表敬訪問した。そこも植民地時代の貴族の館だった。甘いものがキューバ人の好物と心得ている友人は、あん入りの人形焼きのおみやげを差し出した。ハンサムで大男の大臣は、要件が終わるや、さっそく目の前で、人形焼きの包みを開いた。大きな口に、丸ごと放り込まれる人形焼きはとても小さかった。

多民族のるつぼともいわれるこの国では、上は大臣から、下は一般庶民まで、オープンな振る舞いが、いっそう彼らを陽気で快活に見せていた。

旅の目的、女性団体の事務所を訪問すると、壁に大きな肖像画があった。尋ねたら、キューバ革命の英雄チェ・ゲバラ（1928～1967）という。

「なぜカストロ（1926～）でなくてチェ・ゲバラなのですか」

「カストロ自身、賛美されたり、プロパガンダにされるのを好みません。キューバでは生存中の政治家を肖像画や銅像にすることを禁じています」。その後、どこに行っても、国内の施設ではチェ・ゲバラの肖像画にお目にかかったものだ。

日本でも、ベレー帽をかぶったゲリラの指導者チェ・ゲバラのTシャツを見かけるが、これは単なるファッションに過ぎない。キューバでは、若くして逝ったカストロの同志チェ・ゲバラは、独立運動を闘った軍人として讃えられている。

チェ・ゲバラもさることながら、彼を国民の英雄として讃えるカストロに、自己愛を排した最高指導者の節度を感じ、独裁者の先入観を払拭する思いだ。

もう一人。町の本屋でも、青空市場に並べられた書籍でも、大半の本の表紙に、ホセ・マルティの顔写真があった。出版物の多くが、キューバの独立戦争を指揮し、建国の英雄と讃えられる思想家ホセ・マルティ（1853～1895）のものだと知った。

最近の出版界の事情はわからないが、チェ・ゲバラもカストロも、革命運動の思想をホセ・マルティに求め、カストロは最高指導者についてからも、その姿勢にかわりはなかった。革命広場には、大きな大理石のホセ・マルティ像があって、その前でカストロが演説をする姿は象徴的である。

米国の大統領バラク・オバマが就任直後、テロ収容所施設の閉鎖を訴え、注目を浴びたグアンタナモ米海軍基地を島の東端に抱えて、キューバはいまだ革命を続けている。

カストロと、正日の違い

フィデル・カストロは、1959年、キューバの革命以来、首相、議長の立場で、半世紀近くの長きにわたり、事実上、国家の最高指導者として指揮をとってきた。

独裁者と呼ばれる正日とカストロ。両国は米帝国という共通の敵を持ち、外交50年の友好関係を築いている。

2人の思想の比較研究などという難しいテーマは専門家にまかせるとして、2人が君臨する国で暮らす人々の表情の対照的な差は特筆ものだ。

カストロは、2008年、健康不良を理由に、国家元首のポストを5歳年下の弟ラウル・カストロに継いだが、今も政治的な発言を続けている。これは一見、一族による独裁体制のようだが、弟のラウルは革命の戦友であり、肉親だからではないという。事実、フィデル・カストロの4人の息子は無名で、世襲とは無縁とされている。

カストロ兄弟の父親は、一代で砂糖きび農園の大地主になった移民で、こども時代の兄弟は、貧しい人々と一緒に暮らしていた。

「自分は大地主の孫でなく、息子で良かった。孫だったら子どもの頃から、都会の派手な生活を送り、自己中心的な性格になったろう」とフィデルは大統領になってから、学生達に語ったという。

父親を反面教師にして、兄弟は革命家の道を歩む。その結果、彼らの父は苦労して手に入れた土地を、私有財産の没収ということで、息子の指揮する国家に取り上げられることになってしまう。

言動や理念に、一貫した思想の原点がある政治家は、日和見主義には陥らないというのが、通説である。

人種のるつぼといわれるキューバの市民が、窮乏生活にもかかわらず、恋を謳歌し、明るく、楽観的でいられるのは、独善性を排し、自己に厳しいフィデル・カストロが一貫した指揮をとるという安心感から来ているというのは、買いかぶりすぎだろうか？ どんな大きな組織も、指導者の心は全体に伝わっていくものだ。

一方、北朝鮮では、銅像も、肖像画も、思想も、主席が全ての頂点であり、絶対の存在だ。正日は父親日成が打ち立てたチュチェ思想を解釈し、体現化できる権利をもつ唯一の人物であり、折々にその解釈を変え、今日の絶対不可侵の独裁国家を築いている。人はひとたび権力を得ると、その権力を自らの保身のために使いたがるもののようで、その魔性を断ち切るためには、敬虔な態度で、原点に立ち返り、自らを律する必要がある。国家の絶対的最高権力者が、憲法解釈を自由自在に操り、その原点を見失うときの危険性については、数々の歴史が警鐘を鳴らしている。

多民族社会で生きるキューバ人は、人見知りでは生きて行かれない風土がそうさせるのか、すれちがいに笑顔を向けるが、単一民族で成り立つ北朝鮮の人々は、外国人を意識してか、心を閉じたかのように、視線を合わせない。太陽の位置の違いが物理的に風景の明暗の差を創り出すとしても、二つの町の印象は、訪れた外国人の目には、おおいに異なって映る。

キューバを去るとき、物資不足を嘆くガイドの女性に、ナイロン・ストッキングばかりか、彼女の所望で、すでに使用したタオルや折り畳み傘、セカンド・バッグ、電卓など、旅行用品などを別れ際にひきとってもらった。プレゼントとして、彼女は心から喜んでくれたし、そんなものが役立って、私も嬉しかった。何よりも互いにオープンな関係が築けたのが嬉しかった。

窮状など一言も洩らさない誇り高い北のキムやハンには、そんなことは失礼で、とても考え及ぶことではなかった。

第6章❖

圧巻！　アリラン祭

韓国に負けるものか！

大きいことはよいことだ！　この国の指導者は間違いなく、そう信じている。人口は日本の5分の1弱で、面積は日本の3分の1。首都ピョンヤンでさえ、町に人があふれる感じはないが、要所、要所の施設はともかくドデカイ。大きいことの象徴は、なんといっても、今回の旅の最大のイヴェント、アリラン祭だ。出演者が10万人という大マスゲームは、金日成の時代から受け継がれたもので、独裁者の統率力の証しであり、自慢である。

会場のメーデー・スタジアムは屋内施設で、収容人口15万。オリンピックで、堂々国際都市の仲間入りをしたお隣り韓国の向こうを張って、89年に完成させている。アジアで一番、世界で二番目に大きいそうだ。ちなみに、ソウルオリンピックは、完成の前年の88年に開催され、スタジアムの収容数は10万人となっている。ついでに、鳥の巣の愛称でおなじみの北京オリンピックのメイン会場・北京国家体育場は、収容人員が8万人で、東京ドームは5万5千人である。

ピョンヤンには他にも、巨大な施設が多いが、これらを合わせて、日常的にどんな利用のされかたをしているのだろう？　古代ギリシャのアゴラや古代ローマのフォルムは、市民が参加するために必要な広場だったが、この国は独裁者が直接人民に意思の伝達をし、統治するために、より多数の参加を必要とするとも思えない。

キムから配られた入場券は立派な印刷物で、ハングルに、英語で3rd classとあり、座席番号が入っていた。15万人の入場ともなれば、よほどの時間がかかるに違いないと、一人気をも

▲アリラン祭チケット。表にはアリラン祭、裏には朝鮮半島の図と、ハングルと英語でピョンヤン・朝鮮とある。

んだ。例によってキムの引率で行動するわけだが、夕食を済ませたのは、7時半で、すでに開始30分前。バスで会場のメーデー・スタジアムに到着したのは、開始時刻まであと5分しかなかった。ああ、もう間に合わない。なんということかと、内心苛立った。ところが、である。バスを降りると、目の前に小さなゲートが口をあけていて、階段を2～30歩ものぼると、日本の国立競技場よりさらに大きい巨大会場が広がっていたのだ。

15万人の客席に人文字隊も

入場券に指定された座席にすわって、会場を見回すと、スタンドは、見渡す限り、人、人、人。私たちの左側の座席が、ついたてで遮られているが、位置からして、2nd classとロイヤルボックスだろう。すぐ近くの座席には、すでに若い2人の制服の青年が座っていた。周囲を監視する任務を担っているにちがいない。アリラン祭には、何千、いや何万人もの兵士が、マスゲームに参加するが、彼らより、外国人席で、監視する2人の若者の方が、任務の性質からみても、断然偉いはずだ。

そう思って2人の顔をのぞいて見たが、くったくなく笑い合う表情が、山の手線で語り合う日本の学生のように陰りがない。この国に来て、珍しいことだった。フィールドには、何千人もの出演者が所定の位置に整列し、場内の全てが、開始直前の秒読みの段階に入っていた。3rd class とはいえ、待ち時間のない私たちはVIPなみの待遇で、客を待たせないというもてなしの表れだろうし、管理と治安対策のためでもあろう。

金管楽器のファンファーレが高らかに鳴り響き、場内は一斉に動画のように動き始めた。勇壮な音は、はるか正面の特設席の吹奏楽団によるものだ。この日の外国人観客は5000人で、2ヶ月間は、このアリラン祭が、繰り広げられているとキムの説明。

観客席の15万人の全てが観客というわけではない。正面スタンドには、2万人の人文字隊が陣取り、全員がそれぞれ手にしたパネルを掲げて、モザイク模様を描きだす。人文字が錦絵を繰り広げているのを背景に、フィールドでは、何千人もの若い女性達が、極彩色の民族衣装をまとい、縦、横、斜め、つねに歪みを正しながら華麗に乱舞する。場内の音楽は大音響となって、雰囲気を盛り上げ、きらびやかな照明がドーム全体を昼間のように、明るく照らし出す。食糧不足が伝えられ、生活に必要な明かりさえままならない北の人々にとって、ここは龍宮城、夢の世界だ。

人文字はフィールドのマスゲームと連動していて、子どもの演技のときは、浮き輪をつけて泳ぐ幼児の姿をイラストで描き出し、兵士のマスゲームでは、大きなピストルを不気味に浮かび上がらせる。本物以上に光る銃口を、一斉に構えたり、突撃したりする兵士のアクションは、軍事パレードのバリエーションの様相で、恐ろしさより、見ごたえのあるショーである。

人文字の出演者は、大きなカラーボードの後ろに身を隠しているわけだから、彼ら自身がどんなパノラマを描き出しているのか、全く見当がついていないにちがいない。黙々と合図に従ってタイミングをずらさずに、カラーボードを掲げる。マスゲーム全体が、個より全体を問われるわけだが、人文字は、それらの中でも、ダントツ、個を隠し、全体に奉仕する演目で、むしろ作業と言った方があたっている。

かわいいイラストや豪華な錦絵ばかりではなく、演目の間、間に、ハングル文字のスローガンや、金日成、正日の肖像画が描き出されて、この祭典が、独裁者正日への忠誠を誓い、栄誉を称えるためのイヴェントであることを実感する。

砂時計を横にしたような太鼓を小脇に、少年達がテンポの速い3拍子のリズムに合わせ、両足を高くあげ、踊りながら入場してきた。太鼓はチャングという。東京の朝鮮学校の発表会で見た五穀豊穣の舞だ。あの時は、音楽はＣＤを使って、サンモという帽子についた、長いリボンの技を披露してくれたが、ここ本場では、少年たちが揃ってチャングを演奏する。

群舞の頂点に位置する少年がソリストになって、チャングを叩きながら、サンモの頭を振る。長いリボンが泳ぎだし、やがて、空を切るように、大きく弧を描きだすと、場内に大きな拍手が鳴り響く。

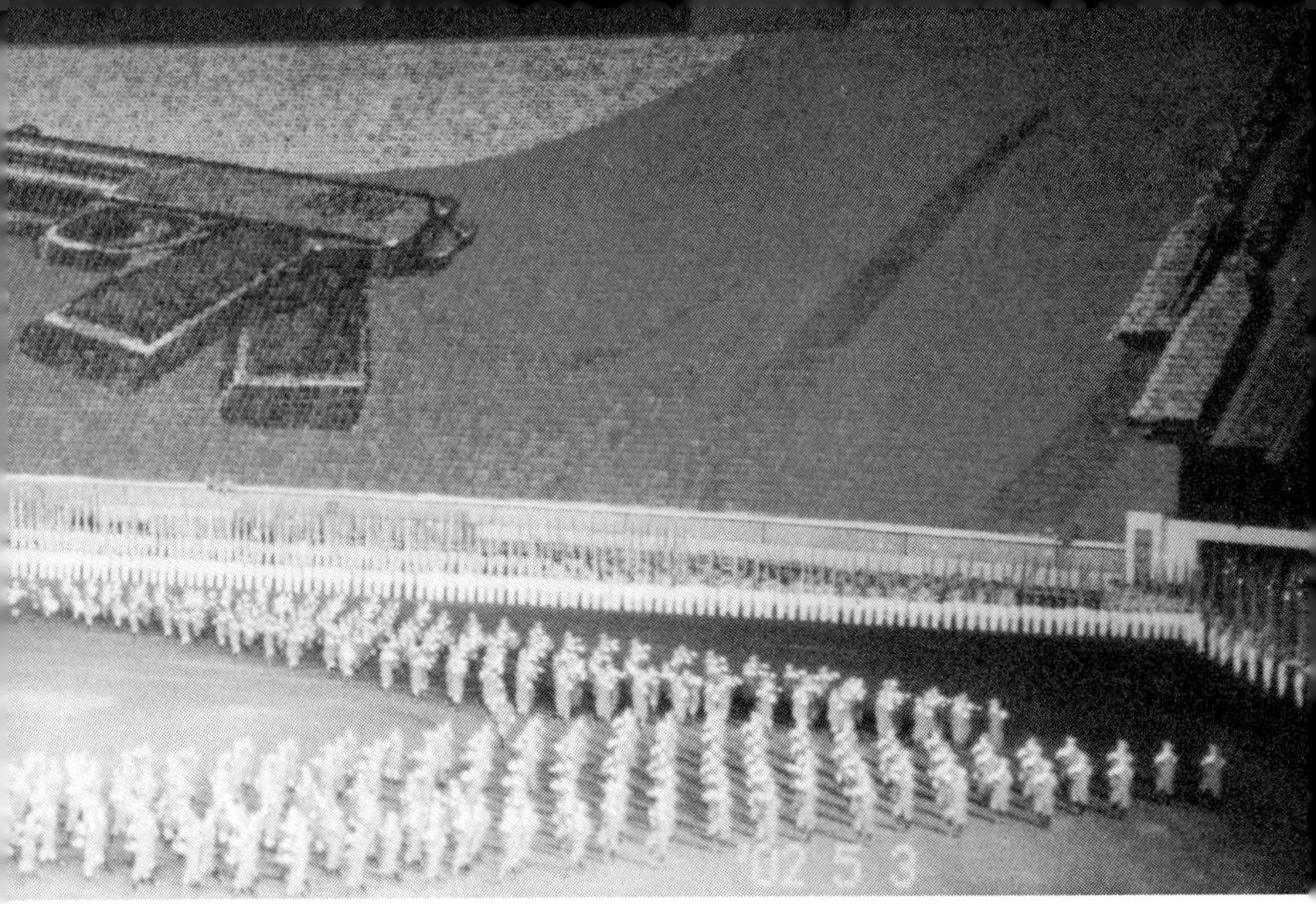

宮廷や農民に愛されてきた伝統芸能というが、両親を始めとした一族や、学校の誇りを背負った彼は、外国人の招待客の前で、この夜のヒーローだった。管理国家に生きるこの少年は、将来、国を背負った要職を保証されたようなものだ。少年の未来が理不尽と絶望に、苦しむことにならなければよいが。いや、苦しみのなかから、勇気と正義観に燃えて、理想を抱き、人民のために奉仕できる志の高い青年のリーダーに育って欲しいものだ。

ギネスに登録された「アリラン」

最後の演目は、日成生誕90周年、正日還暦を祝って創作された集団舞踊「アリラン」。

「ア〜リラン、ア〜リラン、ア〜ラ〜リ〜ヨ〜」と戦後の日本でも流行した情緒たっぷりの朝鮮の民謡が大きな会場いっぱいに流れる。

２０００年に行われた第一回の金大中と金正日の南北首脳会談は、この曲の流れる中で、祝杯をあげ

▲フィールドは兵士。人文字はピストル。平和の祭典ならぬ、戦闘のショー。

たという。アリランは朝鮮民族のシンボルともいえる音楽だ。

東西ドイツの統一のときは、ベートーベンの歓喜の歌が同じような役割を果たしたから、すぐれた音楽は、政治や思想の壁を超えて、人の心に作用する強くて、深い力を持っていることを、あらためて思う。

何千人ものチマ・チョゴリの女性たちによる一つの舞踊集団が、抗日戦争で苦しめられる様子や、祖国解放戦争（朝鮮動乱）で、南北二組に引き裂かれて、嘆き悲しむ姿を舞う。

朝鮮半島を支配していた日本が、さきの大戦で負けて、引き揚げたあと、半島は解放され、自由がもたらされても良いはずだった。ところが、南には李承晩が韓国（大韓民国）を、北には金日成が北朝鮮（朝鮮民主主義人民共和国）を作って、どちらも半島全域の支配権を主張し、ゆずらない。両国が武力によって朝鮮を統一しようとしたのが、祖国解放戦争（朝鮮戦争とも朝鮮動乱ともいう）で、1950年6月から3年余り続いた。北には、ソ連と中国が、南には米国がつき、東西の対立を背景に、内戦の泥沼はいっそう深く、その決着は今もつかず、両国は分裂状態が続いている。この戦争で双方が、おびただしい数の死者を出し、現在も離散家族を抱えているため、踊る乙女たちにとっても、身近で切実な悲しみに違いない。

大敗した日本の戦後と比較してみても、今なお停戦中で、民族同士の争いが続く朝鮮半島の60余年はあまりにも不幸な話だ。

東京大学教授の姜尚中《カンサンジュン》は加えて、「民族相残の凄惨な内戦で潤ったのは、いったいどこの国だったのか」と、朝鮮戦争で潤い、やがて経済大国となった日本が北朝鮮を悪の権化のように、ネガティブキャンペーンを張るのを、主客逆転と憤る。

バックの人文字や、大スクリーンの映像で、集団舞踊「アリラン」の背景が丹念に描きだされるので、彼女らの心情や、ストーリーは理解しやすい。

やがて、嵐のふきすさぶアリラン峠を越えて、二つに分かれた集団が再び近づき、2人のヒロインが、双方からありったけに片手を伸ばす。必死に伸ばす2人の手が、「もう少し、もう少し。届け、届け」と、思わず祈ってしまった。ようやく2人の手がふれ、握りあって、クライマックスを迎える。

南北に分断された国が一つになることこそ、彼らの悲願であり、アリラン祭のテーマなのだ。祖国の統一を願うのは、東西ドイツと同じことで、これには素直にエールを送りたい。

フィナーレはグランドの真ん中に出現した大きな地球儀を中心に、出演者が全員でフィールドをビッシリと埋めつくす。音楽が鳴り響き、何色にも彩られた照明が広い場内を隅々まで照らし出す。人文字は、ハングルで「永遠の太陽」と記す。太陽とはもちろん総書記のことだ。

このときの集団舞踊「アリラン」は、北朝鮮を代表する作曲家、舞踊家、演出家等によって完成された大作で、高い評価を得て、その後も公演を繰り返し、海外の要人を含めて、内外数百万人が観覧しているそうだ。07年には、世界最大規模の集団芸術としてギネスにも、登録されたと新聞報道にあった。２００２年のアリラン祭は、北朝鮮にとっても、特別力の入ったものであり、振り返ってみれば、日本人にとっても、拉致を正確に認知する直前で、強い警戒感もなく、訪問できた最後の鑑覧の機会だったといえよう。私自身、拉致が明確になってから、仮に「アリラン祭」招待メールが届いたとしても、心は動かなかったはずで、これだけは、はっきりと断言できる。

双眼鏡があったらなぁ

出演者は華やかな衣装に包まれ、はちきれんばかりの喜びを湛えているのか、緊張でこわばっているのか、あまりにも大きな会場で、表情が全く読めない。

双眼鏡があったらなと思ったが、そうだ、携帯電話のみならず、双眼鏡、トランシーバーは、この国の持ち込み禁止品だった。日本の新聞や週刊誌もやめておいたほうが無難と旅行のしおりにあった。遠くを覗いてはだめ、離れた人と連絡をとるのもだめ。国外情報を入れるのもご法度と、あからさまに外国人に言うことが恥ずかしくないのか。食糧飢饉を恥で隠すより、これらのベカラズの方がずっとずっと恥ずかしいことだと、将軍様に進言する側近はいないのか。

演技はきっちり1時間で終了する。息もつげないほど多彩で、寸分の隙のない進行のせいか、中身は濃く、演じる人間の数の多さに圧倒され続けた。

「その気になれば、どこの国でもこんなマスゲームができるのかしら」。私のつぶやきに、「そりゃ無理でしょう。民族によりますよ。マスゲームを可能にしたのは、高い教育水準と、素直で協調性のある民族の資質に負いますから」。

自信ありげに応じたのは親朝派とおぼしき仲間のひとりだ。

マスゲームの起源は、ドイツの集団体操という。集団のエネルギーと統一の美が、演技者同士の連帯感やリーダーへの忠誠心を育てるということで、ナチスのヒトラーが奨励したのだそうだ。

欧米諸国では、全体主義と独裁体制の色彩が濃いとして、マスゲームに批判的なことも理解できるが、最近ではこんな話題も耳にする。

建国60周年を迎えた中国の国慶節で、繰り広げられた人文字やマスゲームを、「なんでいまさら、北朝鮮の真似なんかする必要があるのか」と同国の若者の声がネットに書き込まれてあったという。これを読んだ在中国の日本人フリーランサーが、「人文字はかつて、中国のお家芸だったことも知らない世代なんだ！」と驚き、「1人の掛け声に多くの人が一糸乱れぬよう訓練され、ロボットのように動くことを批判する若者がすでに中国では育っていると」と伝えている。マスゲームに、はたして高い教育水準が必要なのだろうか？

最近、中国の国内の混乱には、一般民衆のインターネット情報と政府のコントロールとのせめぎあいが常に問題になっているが、いまだこれらが厳禁になっている北朝鮮の近い将来を見る思いだ。

帰りのバスの中で、「どうでしたか？　感想は？」とキムは高潮した面持ちで、私たちに意見を求めた。輝くような彼の表情は、北朝鮮を案内する4日間の中で最高潮に達していた。

「皆さん感動で、声が出ないようですから、ちょっと紹介しますよ。こんな感想が寄せられています」と、紙片を取り出して、読み上げる。

「『私の目を二つにして生んだ親をうらみます。フィールドいっぱいに、踊っていると思えば、スタンドの人文字はくるくる変わるし、これに見とれていたら、天井には空中ブランコのショーがある。目が二つでは足りない！　頭の上にも、顔の横にも、目がいっぱいあったらいいのに』ってあります。本当にすごかったですね」

どうやら、バスの中では通訳の彼が一番興奮していたようだ。それにしても、この感想文、ガイドのマニュアルになっているのだろうか？　演技に寄せる礼賛を、親を恨むとネガティブに表現するのは、半世紀前まで、親孝行を説く儒教を信奉していた民族とも思えない。

キムはアリラン祭について、饒舌に語り続けるが、対照的に、日本人旅行者は、複雑な心境にかられていた。飛行機が飛ばなくても、地下鉄が見られなくても、決して不平をいうこともなかった、私に言わせれば、かなりお人良しな旅行仲間が、懐疑的な受け止め方をしているのが感じられた。あまりにも統一されたマスの美しさは、気味の悪さに通じるという直感だろうか。

飢えや独裁から目をそらす

マスゲームの間よりアイゴーの声がもれ

これは、この年の5月21日の朝日川柳にあったものだ。川柳子は実際「北」に行ったのか、日本のテレビ・ニュースで見たのかは不明だが、あのマスゲームという国民行事に、朝鮮の人々は、飢えや政府の独裁から目をそらされてしまうというのが、多くの日本人の反応だ。

片や栄養失調で国際的な食糧支援を受ける国民がいるなかで、アリラン祭にかけるお金があったら、もっと生活費に回すべきだという意見は、東京オリンピックを招致するより、借金を返して、都民の生活に直結したインフラ整備をすべきだという声と似ている。

オリンピックにしろ、アリラン祭にしろ、国威発揚の手段であることには違いない。問題は指導者自身の精神性、民衆観であって、それによって、国の進む方向にも差が生じる。

「価値や文化をもたないスポーツ競技は、軍事パレードに過ぎない」という五輪の創始者クーベルタン男爵の言葉を通し、国際オリンピック委員会委員長のジャック・ロゲは、「我々の目的は、スポーツを、人類に貢献し、社会を良くするために役立てること。スポーツを通じ人類社会の最も良い部分に光を当て、有害なものに立ち向かうことだ」と、歯切れがよい。（読売新聞２００９年9月29日付「論点」）

これを借りて言うなら、絢爛豪華なアリラン祭は、文化的に粉飾された軍事パレードであって、独裁者への忠誠と軍事礼賛の思想で、若い世代の出場者を洗脳する人材育成機関だ。さらに言えば、マスゲームや人文字の集団訓練を通して、指導者の絶対性と独善的な価値観を植えつけ、有害なものの判断すらできない人間をつくりだし、人類社会を最も脅かす核兵器に着手する国のあり方に、立ち向かう気力すら奪い去っている、とこんな表現になろうか。

それでも、あのアリラン祭はけしからんと批難すべきものなのだろうか。日本人が揃って、疑義を抱くと、ちょっとへそまがりになって考える。あれがなければ、アリラン祭にかかる経費が、民衆の生活費に回る保障でもあるというのか。経費が核武装などの軍事費に回されないという保障はない。別の形で北の人々は選別され、差別されて、独裁者への絶対的な服従を強いられることに変わりがあるとも思えない。

北京オリンピックのオープニングのマスゲームには、拍手を送り、北の演技には首を傾げるというのだろうか？　北朝鮮の桂順姫《ケスンヒ》が、柔道で日本のホープ谷亮子を破り、金メダルをとったとき、柔道そのものにクレームをつけただろうか。それと同じことで、マスゲームを演じた若者自身に非はない。個を抑えた見事な表現力とそこまでの精進については、賞賛してよい。確かに、彼らは洗脳され、絶対的な指導者に服従するが、指導者が、あるいは指導方向が変われば、彼らも変わる。

東西の壁が崩れた晩、東ドイツの青年兵が、脱出する人々を撃ち殺すのか、見逃すのか、上官からの命令を待つ間の苦悩を昨日のことのように証言する。北朝鮮の若者もこれに変わりはない。いつの時代も権力を持たない若者や一般民衆は、指導者によって、生き方を方向づけられてしまう。

選ばれて、あの美しい衣装をまとうことが、多くの少女の夢だったとして、不思議はない。シンデレラ姫をひきあいに出すまでもなく、貧しければ貧しいほど、憧れは強い。大方の出演者は、飢えと貧困をきらびやかな衣装に隠して舞い続けたはずだ。病んだ家族の看病をしながら、練習を続けた乙女もいたにちがいない。人の心は複雑で、たとえ、独裁政権下の弾圧や苦境のなかでも、晴れ舞台で表現できた喜び、達成感など、人として崇高で、価値ある幸福感を味わうこともできる。演技する側の満足感にははかりしれないものがあろう。

人は石垣、人は城。貧しい共和国が、人間を資源にして、労働の終わった後の娯楽時間を、義務教育の子どもたちや若者の演技で、満たすのは、それ自体間違っているとも思えない。瞬時の喜びを、野放しの賭博、酒、麻薬、買春とせつな的な快楽ですり代えることよりも格段に、神々しい。

アリラン祭の直後、中国の内陸に位置する河南省に訪問する機会に恵まれた。1000年近くも昔、蘇軾が名詩を生んだ山河の気配が残る地域で、自由経済の兆しがわずかに入ってきている。

訪問団の一男性が、ホテルの部屋に入るなり、電話がかかってきて、マッサージはどうかと、尋ねられたそうだ。これを断ると次は女性を紹介されたという。部屋番号を紹介したのはホテルでしかないから、ホテルぐるみの商売にちがいないと、彼は推測する。人類最古の商売ともいわれる売春が、共産主義国の中でも、自由経済の導入と同時に、横行している事実に、目をそむけることはできない。キューバでも同じような光景を目撃した。カリブ海に面した豪華な国際ホテルが夕闇に包まれると、玄関近くには着飾った少女が何人も集まってきて、身を売る相手を探していた。

少なくとも、監視の厳しい北朝鮮では、旅行者の目に触れる形でのこのような行動は目撃できなかった。

近い将来、解放された「北」の女性を日本の男性が享楽の対象にするような事態がおきなければよいが。悪夢を見る思いだ。男達のセリフは決まっている。貧しい女性を助けてやって、何が悪いと。売春とは、貧しい女性が生き抜くための望まぬ行為であることを、長い歴史は物語っている。

「アリラン祭」あとの祭り

帰路の機中で、手元の資料の中に、4日間宿泊した平壌高麗ホテルのパンフを見つけた。どこで入手したのか記憶さえないが、恐らくホテルに到着後、他の資料と一緒に配布されて、そのままましまいこんでいたのだろう。カラー印刷で、紙の質も良く、英語とハングルで案内されている。

毎日玄関近くで、バスに乗り降りしたので、遠く離れて建物を眺める機会もなかったが、高さ140メートル、床面積8万4千平方メートルというビッグなツインタワーホテルの全体像を初めて知った。５００の客室の他に、最上階の回転式展望レストランは、空飛ぶ鳥の気分で、ピョンヤン市内が見渡せると宣伝され、同じ45階には朝鮮料理と和食の専門店、大小の高級宴会場がある。１、２階には、朝鮮料理、冷麺、中華、日本料理とグリル、喫茶、スナック、バー、カラオケ、写真スタジオ、マッサージ室、ビリヤード、プール、サウナ、美容室、理髪店、靴屋、コピーとタイプ室、映画館、書店などが写真入りで案内されていて、日本の一流ホテルに負けるとも劣らない充実ぶりだ。

現地の北の人々は利用しないということだし、和食専門店が二軒あることからも、当初より日本人を意識して設計されたにちがいない。この2ヶ月、アリラン祭で、日本からのチャーター便が続いているという時期に、この有様では、設立以来7年を経て、これらの施設がどれほど稼動したのか？　事業仕分けをするまでもなく、むだな投資をしたものだ。ガイドは最後の日にこのなかの売店だけを案内してくれたが、ホテルには、他にもこんなサービス施設があることは、一言もふれなかった。連日、集団行動ばかりで、せめてホテル内を歩くくらいの冒険をしなかったことが心底悔やまれたが、アリラン祭のあとの祭りだ。

第7章❖

厳寒の冬、花の芽は準備する

次代の希望、若者よ！

ホテルのショップで、テラテラに光る極彩色のチマ・チョゴリを、「世界一、美しい衣装と評価されているものです。おみやげには最適ですよ」と、薦める店員は、パリやミラノのファッション雑誌を見ているとも思えないが、心底それを信じているようだった。自国のものを誇らしげに語る民族ではあるが、彼らにとって、一番の自慢であり、誇りはなんといっても「アリラン祭」だ。

アリラン祭は出演者にとっても、見学者にとっても金王朝体制の強化の場であることは明確だが、この洗脳システムの陰で、たとえ密かにでも、疑義を抱く若者の萌芽を期待する。

古今東西、独裁者や専制政治を倒すために、命がけでNOをつきつけたのは、若者の真っ直ぐな感性であり勇気であった。彼らによって、新たな歴史を切り開かれた例は少なくない。

ソ連のスターリン独裁体制の下、つまり金日成の親分にあたる人物によって、獄中生活を体験したソルジェニツィン（1918〜2008）の場合、スターリンの圧制が彼の珠玉のような文学作品を生み出したともいえる。

彼はスターリン批判をしたかどで、収容所に送られ、さらに永久流刑処分を受けるが、最高権力者がフルシチョフに代わるや、11年間の獄中生活から釈放される。スターリン批判が吹き荒れたわずかな間隙に、収容所の様子を綴った処女作『イワン・デニソヴィッチの1日』を書き上げ、世に出すが、それも束の間、フルシチョフの失脚で、ソルジェニツィンはふたたび反ソ的イデオロギーを理由に、原稿は没収され、国内での作品発表が不可能になってしまう。その中で、ソルジェニツィンは１９７０年、ノーベル文学賞を受賞し、世界中から注目を浴びるが、国家反逆罪でソ連国外に追放される。

アメリカで作家活動を続け、彼の作品はやがてゴルバチョフに影響を与え、ゴルバチョフの断行したペレストロイカが、ソ連ばかりか、東欧の民主化や東西ドイツの統一を促したことを考えれば、ソルジェニツィンが人類に果たした功績ははかりしれない。

若き日、スターリン批判ゆえに、人生を翻弄されたソルジェニツィンが、76歳でようやく、故郷の土を踏んだのが１９９４年の5月。かたやスターリンの支援を受けて、朝鮮民主主義人民共和国の独裁体制を築き上げた金日成は、その年の42日後にこの世を去っている。

日成は死の直前まで革命のための業務に精励していたという歴史教科書が正しければ、ソルジェニツィンの帰還を知らなかったはずはない。どんな思いが、胸をよぎったことだろう。

飢えと極寒と強制労働の収容所生活を、そこはかとない人間の温かさで、しなやかに受けいれるイワン・デニソヴィッチは、ソルジェニツィンの魂そのものだ。絶望的な境遇を、かくも美しい描写で表現しえた彼の才能がこの世に送り出されたのも、実は奇跡的な幸運によるものだったことを知れば、読後感は一層深い感謝の念に満たされる。

時々の最高権力者によって、迫害と絶賛の両極にふりまわされた文豪ソルジェニツィンの順応性と、叩かれつづけて、いっそう磨かれた強固な信念。過酷な体験を芸術にまで昇華した彼の文学作品を、北の若者にこそ捧げたい。

文学の世界に限らず、ノーベル化学賞を受賞した野依良治も、「科学の世界では多数決は通用しない。独創的であることは、最初は孤立無援だということだ。少数派であることを恐れず、創造的な未来の科学を築き上げて欲しい」と、若い学生たちに語りかける。「いかなる分野にあっても、未来の創造には、既成概念との訣別が求められるものである。そのためにも、人は誰しも創造のための自由と人権が保障されなければならない」。マスゲームで培われた個を滅した調和の精神に、拍手を送る一方で、忘れてはならない教訓だ。

厳冬の続く金体制の下にも、芽吹く春を待つソルジェニツィンが、深くひそかに息づいていることを確信する。

忘れるな日本の戦時下

国家による言論弾圧を遠く社会主義国ソ連の例を引き合いにするまでもなく、60数年前の日本の例を忘れてはならない。

「戦争は個人の自我意識が全否定されるもの」だと、詩人・平林敏彦は、彼の著書『戦中戦後 詩的時代の証言』で、一貫して主張する。

２００９年の桑原武夫学芸賞を受賞した同書は、言葉に命をかけてきた人の文章が鋭く、美しい。私には詩の本質的な評価はとうてい出来ないが、重い事実にふれても、読んでいて、なおすがすがしい。

１９２４年生まれの平林は敗戦の一年前に20歳を迎え、戦場に赴く。隠し持っていた一冊の訳詩集の文庫本が発覚し、下士官の暴力の標的になった。歯を折られ、血を吐く様なリンチを何回も受け、死を目前に意識する。彼の周囲にも脱走を図ったり、厠で首を吊った初年兵がいた。

平林が出征する頃の日本は、すでに愛国詩に占領され、「敵前百米」とか「日本男子の火の玉……」という詩句が並び、過激な政治活動をした事実がなくても、詩人たちは、検挙され、拘置所に送られ、訊問と拷問の時代に入っていた。

「生命の尊厳はおろか、人間として発する言葉は一切タブーで、もちろん詩を書く自由など自分で圧殺するしかなかった。実はその状況の中でこそ詩が生まれる必然があったのかもしれない」

〝詩が生まれる必然〟の一語に、詩は詩のみならず、真実を探求するあらゆる科学や芸術や学問に置き換えられると思い至る。

朝鮮にも優れた詩人はいる。朝鮮新報には、日本語の詩が紹介されている。自然、季節、恋など人間の情を語り、侵略時代や朝鮮戦争で引き裂かれた悲しさもふんだんにあるが、自国の体制にふれたものは一編もない。彼らの感性に期待する。言葉と真実を模索する詩人に期待する。電話には盗聴器がしかけられ、言論の自由が奪われている環境は、詩人の魂を拘束し、真実を表現することが不可能なことを直視してほしい。初参加の上海万博のパビリオンには英語で「人民の楽園」とあったそうだ。詩人なら、この表現は事実かどうか判断もできよう。街中にならぶ看板「強盛大国」の真意を誰よりも敏感に嗅ぎとってもらいたい。

若き日に、巡り合った「イワン・デニソヴィッチの一日」と、耳順もとうに過ぎて、心打たれた「詩の証言」の2冊の本を、彼らに贈呈したい。どちらも泥沼があったればこそ、清廉な開花に結びついたことで共通している。

アリラン祭に出場した若い青年達は、見事な演技を成し遂げたご褒美として、家族も含めて、国から厚待遇を受け、地域や親族の羨望の的になるという。そんな栄誉を約束された若者たちに、正日と同じ年に生まれた人間として、期待を寄せよう。

厚遇される自身のことだけでなく、同世代の仲間の苦悩や、自国で起きていることに、関心を抱いて欲しい。飢餓に苦しむ同胞の存在に気付いてもらいたい。そして、同胞の悲惨さを、わが身のこととして、受け止められる感性を養ってもらいたい。正義感を燃やし、気概をもった人間に成長してほしい。

言論の自由も知る権利も奪われ、独裁者に望まれぬ人間は、命すら奪われる恐怖政治の下で、洗脳教育を受けてきたはずだが、足元には、必ずや価値ある真実がころがっている。針の穴ほどの隙間からも、若者特有の澄んだ鋭い目と、豊かな想像力で、真相を嗅ぎ取って欲しい。深い洞察力で人生を切り拓いてほしい。

彼らには、朝鮮民主主義人民共和国の「未来に対する責任」とともに、人類の一員として、「世界に対する責任」があることを伝えたい。

終わりに――ピョンヤンをあとにして

ピョンヤンを飛び立ち、新潟空港についたときのことだ。大きな旅行カバンをガラガラところがして、国際線の外に出ると、いきなりマイクをつきつけられた。大きなカメラがこちらを狙っている。一瞬たじろいだ。

「ゴールデンウィークはどちらに行きましたか?」

なんだそんなことか。

「北朝鮮です」

「どんなことを楽しんできましたか」

「楽しむって? 良くてミステリアスな国、恐ろしい国ですからねぇ」と口ごもる。

アナウンサーはおかまいなく、お決まりの言葉を続ける。

「それじゃ、長い休みを充分堪能してきたわけですね」

「堪能という表現はあたっていません。休みを効果的に過ごしたという感じです」

インタビューはこれでおしまい。カメラに新潟テレビと大書されていて、ホッとした。知っている人が見ることもあるまい。それよりも、こんな理窟っぽいことをいうおばさんが、この手のインタビューに登場するのを見たことはない。ゴールデンウィークあけのニュースだ。ボツになるに決まっている。

空港に着いた帰国者に、ステレオタイプの質問を浴びせて、いかにも現場取材をしたかのような構成で、お決まりのニュースを作ることは目に見えている。日本だって、自由がいっぱいという錯覚だけで、実は決められた枠のなかにおさまったニュースを見せられていることが多い。

新潟空港での別れ際、朝鮮通の団長がみんなに伝えた。「必ず、日本の公安から調べがきます。北に行ったものは、すべて公安に筒ぬけになっていますから」。

何を尋ねられたところで、やましいことは何もない。好奇心いっぱいの私は何を聞かれるか、半ば楽しみに待っていた。

忘れたころ、地元の警察署員が私服で訪ねて来た。待ってました！　何を話そうかと構えていたら、北朝鮮から帰ったあとの中国旅行の確認だった。市長を団長とした、中国の姉妹都市と友好交流する旅行だっただけに、公安が？　と驚いた。

「中国の前に、北朝鮮に行きましたが、そちらの方は問題ないのですか？」と挑発したら、「本当ですか？　いずれまた」と帰った。その後、留守電に「在宅なら伺いたかった」とあってそれきりになってしまった。

公安も上から指示された任務はこなさなければならないだろうが、自らの判断で仕事を増やすこともない。

日本にだって、程度こそ異なれ、官民ともに北朝鮮的なところはいくつもある。

北朝鮮が掌中に入れた核をかざして、恫喝と物乞いをたくみにあやつる外交戦略を展開している事実を、大半の人民大衆は何も知らない。絶対的な権力者に、全ての人民大衆が無条件に従わねばならない隣国の様子を見て見ぬふりをするわけにはいかない。独裁者によって、水門のなかに閉じ込められ、独善的な情報だけに浸されている北の人々。疑いを持ったり、異論を唱える者は粛清され、門外の状況を知る術もない大多数の民衆は、国家への忠誠と、首領への心服を誓う。かくして、好戦的なリーダーは独善的な態度を改めるばかりか、体制維持のための締めつけを強めていくばかりだ。

水門を開ければ、たとえ紆余曲折はあったにしても、大衆は必ず、自らの信念で、最善の道を模索し始めるはずである。

そのためのささやかな一歩のためにも、書き残しておきたい。

数えてみれば8年も前のピョンヤンだが、書き始めると、昨日のことのようによみがえってくる。それだけ鮮烈だったわけだ。北と行き来をしている在日の某知識人には、何回も確認させていただいたが、いつも変わらず心よく説明をして下さり、感謝にたえない。残念なことに彼の説明通りの北朝鮮を書くことはできなかったので、実名は伏せさせていただく。高校時代、英会話で助けて下さったホルンの中村英信氏には、今回期せずして、写真のハングルの解読をしていただくことになった。解説をお願いした柳原滋雄氏には出版のきっかけから、的確なご指摘など、一貫して協力をいただき、スタジオ・フォンテの高橋光利、赤羽高樹の両氏には終始お世話になった。装丁の田中等氏、出版の浜正史氏にも併せて多大の尽力をいただいた。妻の自由時間をつねに大事にしてくれる夫には、あらためて感謝をしている。

２０１０年４月　　花冷えの日に

【参考図書一覧】

『戦中戦後　詩的時代の証言』平林敏彦　思潮社　２００９年
『半島へ、ふたたび』蓮池薫　新潮社　２００９年
『北朝鮮を見る、聞く、歩く』吉田康彦　平凡社　２００９年
『「金正日後」の北朝鮮』重村智計　知的生き方文庫　２００９年
『最大の争い・国境線』山本貞雄　時評社　２００９年
『金正日最後の賭け　宣戦布告か和平か』張誠珉　ランダムハウス講談社　２００９年
『差別と日本人』野中広務、辛淑玉　角川書店　２００９年
『拉致　左右の垣根を超えた闘いへ』　蓮池透　かもがわ出版　２００９年
『李明博　自伝』李明博　新潮文庫　２００９年
『暴走国家・北朝鮮の狙い』李英和　ＰＨＰ研究所　２００９年
『地球宇宙平和研究所報』第４号　地球宇宙平和研究所　２００９年
『いまのキューバがよくわかる』地球宇宙平和研究所報　第３号　特集号　非特定営利活動法人 地球宇宙平和研究所　２００８年
『地球宇宙平和研究所報』第２号　地球宇宙平和研究所　２００７年
『日朝関係の克服――最後の冷戦地帯と六者協議』姜尚中　集英社新書　２００７年
『北朝鮮の歴史教科書』李東一編訳　徳間書店　２００３年
『日本外交はなぜ朝鮮半島に弱いのか』佐藤勝巳　草思社　２００２年
『北朝鮮　北東アジアの緊張』櫻井よし子　ダイヤモンド社　１９９９年
『北朝鮮収容所半島』李英和　小学館　１９９５年

『朝鮮通信使と日本人—江戸時代の日本と朝鮮』李元植他　学生社　１９９２年
『ハングルへの旅』茨木のり子　朝日新聞社　１９８６年
『イワン・デニソヴィッチの一日』ソルジェニーツィン　新潮文庫　１９６３年

【追補】

小説

巣立つ

「いよいよ、アンゴラ行きが決まったよ。出発は20日過ぎで、2年ぐらいかなぁ。インドとバングラデシュから医師が2人派遣されて、日本人は俺ともう1人。あとは現地の人を採用して、新しい医療支援のベースを作ることになったんだ。国連も一緒だから、心配はいらないよ」

8月の熱帯夜が続く晩、岡山の下宿先からかかってきた康太の電話の声は、いくぶん高揚していたが、母親の反応を探っているようでもあった。

アンゴラはアフリカ大陸の西海岸に面し、首都ルアンダまでは、ヨハネスブルグから飛行機で3時間ほどかかる。

その昔、黒人奴隷の供給地として、300万人の奴隷がラテンアメリカに送られたという地域だ。脱植民地化時代の1975年、ポルトガルから独立したアンゴラ共和国だが、ダイヤモンドや石油などの魅力的な資源があるため、独立後も政府軍にはキューバとソ連が、反政府軍には、南アフリカが介入し、東西冷戦の代理戦争ともいうべき内戦が続いている。日本の大使館もなく、旅行者の立ち入りは制限されていて、彼の初めての訪問のときは、日本人が果たして入れるかどうか、案じながら旅立ったものである。

3週間の予備調査から帰ってきたばかりの康太は、「一番怖いのは、情報がないことだ」という。

治安の悪さもさることながら、国全体が〝感染病の宝庫〟と呼ばれるほど、衛生管理が悪く、コレラ、マラリア、狂犬病などは、一般的な病気になっているというから、蚊やハエ、ダニにも、放置されたままの地雷とともに、命を奪われる危険性がある。まん延するエイズまでは、手が回らない。

「20日過ぎじゃ、あと2週間しかないじゃないの。危ないとこに行くっていうのに、ずいぶん急な話だねぇ。2年もいるんじゃ、国連の試験はどうするつもり。

エッ？　コータンが責任者？　本当に大丈夫なの？　出発前に、一度家に帰ってきなさいよ。ちょっと待って、大事な話だから、お父さんに代わるからね」

受話器を握る夫の傍らで、「むこうに食べ物はあるのか聞いて。着るものはどうするのかも。心配だからメールは頻繁によこす様に、写真も送るように言って」とうるさく口をはさむ。これが息子のアンゴラ赴任決定に対する精一杯の抵抗だった。

学生時代から、すでにアフリカのタンザニアやザンビアのほか、タイ、インドの山間部に出かけることは多かったが、これまではいつも教授や研究者の専門家と同行の調査・研究だったし、現地の受け入れがしっかりしていた。

「コータンは着々と自分の道を進んでいて、うらやましいなぁ。あとは元気で、健康だけは気をつけて、初志貫徹だね。何かあったって、コータンの足の速さはインターハイ級なんだから。芸が身を助けるよ」

いつだって、こんなふうに息子の夢の実現を心から祝福してきたが、今回は違っていた。事前調査で撮った写真には、銃痕も生々しい街の建物、だだっ広い病室とデッキチェアのようなベッドの上の無表情な病人の顔があった。日本とはあまりのギャップにおじけづいてしまったのか、あるいは年のせいか、自分でもよくわからない。

なんで、私の息子の康太が縁もゆかりもないこんな遠い国の、しかも肌の色も違う人たちを助けなければいけないのか、体が震えてきた。

「どんなに志が高くたって、命を落としちゃったら、何にもならないんだからね。あんまり危険なとこに行くのはやめてよ。ここまで育てたコータンを犬死させるわけにはいかないんだから」

「そういうわけにはいかないよ。危険なとこだって、あるよ」

思いがけない母親の嘆きにも似たような言葉に、彼が当惑している様子が目に浮かんだ。

口数は少ないが、幼いころから、母親を心配させまいという心遣いが痛々しいほど伝わってきた康太だったから、この言葉にはひっかかったはずだ。受話器を置いた夫の言葉からもそれを察することができた。

「食べ物だとか、着るものなんて問題じゃないってさ。メールは電話線を引くところから始めるから、しばらくは無理だよ。それと期間は3年か3年半はかかりそうだって」

母親には2年ぐらいと言ってたのに。

「20代でこんな仕事を任されたんだから、力がつくだろうな」

夫は上機嫌だった。

国境なき医師団の日本版である民間の医療支援団体の新しい出先を作るための仕事だが、いまだに銃弾が飛び交う中で、事務所作りの土方仕事から、現地や外国人の医療スタッフとの意見調整、自らを含めてスタッフ全体の衛生や健康管理、彼を派遣したNGOと国連への報告など、どれ一つとっても、日本では想像できないような困難が伴うはずだ。

現地人の採用も、うかうかしていると、とんでもない人物にあたって、民族紛争に巻き込まれる可能性だってある。言語はポルトガル語なので、通訳を通して意思伝達をしなければならない。

この夜、私は康太のことが無性に心配になって、なかなか寝付くことができなかった。

翌朝、懐かしい友人からメールが届いた。康太の小学校時代の同級生の母親からだった。浜松に転居して久しいが、年賀状に印刷していたメールアドレスを見て、彼女のメール開通を知らせてきたのだった。

さっそく康太の近況を記して返信したが、それでも足りずに、電話をした。

「そうなの！　コーちゃんがね。納得できるわ。コーちゃんはお菓子の小さい方を自分がとって、大きい方を2人のお姉ちゃんに渡すっていう話、今でもよく覚えてるわよ。うちの3人の息子には誰1人そんな子はいなかったので、凄いなあって聞いてたわ。山口さん、心配でしょうけど、コーちゃんの仕事の成功と無事をお祈りしますね」

友人の言葉は、私を10数年前の過去に引き戻した。

そうだった。あの子は幼いころから人が喜ぶ姿に、満足できる子ども離れしたところがあった。3歳になる直前、ケンちゃんと取っ組み合いのけんかをして、顔中傷だらけになって、親同士で謝りあったのが、最後の喧嘩だった。それ以来、姉弟喧嘩だって、友達とだってけんかをして、親を困らせたことはない。

もちろん、親にだだをこねたり、わがままを言って困らせるようなことは一度もなかった。この抑制力は、3歳違いの下の方の姉が重度の障害を持ち、彼女の世話に母親がふりまわされている姿を見て、悟ったのかもしれない。

口数が少なく、自慢をしたり、ひとの批判や悪口をいうのは、生理的に許せないようで、両親にもとうてい真似ができないほどの高い徳のようなものを備えていた。

良い子に限って無理をしているから、切れる心配があるといわれているので、そんなときが来ても、決して動揺しないよう、心構えだけはしっかりしてきたつもりだが、そんな気配もなく、20代も後半を過ぎてしまった。

「ママったら、心配になっちゃったの？　国連だって、政府だってついてるんでしょう？　大丈夫だよ。コータンは沈着、冷静で、無理する子じゃないってば。あいつのことだから、楽しんでくるよ。3年もいれば、ポルトガル語がしゃべれるようになるんだろうな。うらやましいよ」

康太の上の姉の電話が私の心を少し楽にしてくれた。

彼女はカラになった都内の夫の実家のマンションを事務所にして、デザイナーとして独立している。弟のことは親より情報を持っていた。

この日の午後は目の不自由な人のために音訳テープを吹き込む朗読ボランティアがあった。作業を終えると、いつものように、喫茶店に寄った。40〜50代の女性が4人に、定年退職をしたばかりの男性が一人だった。コーヒー一杯で、話題はとりとめもなく移っていく。

「この間、N中で生徒が数人、職員室になだれこんで、教師に暴力をふるったんですって。知ってる？　狙われた先生は逃げられないで、怪我したらしいわ」

「先生はひとりきりだったの」

「それがね。職員室には何人かいながら、見ているだけだったらしいの」

「恐ろしくて、手が出せなかったのかしら」

「みんなで結束すれば、とりおさえて、指導もできたと思うのよ。教師に責任感と指導力がないから、子どもも暴れるのよ」

「教師以上に親の責任でしょう。教師に叱られたりすると、逆恨みで、その教師に殴りかかる。いまどきの子って、独善的で、自分の正当性ばかりを主張するから」

「ホント！　自己中心的で、ひとのことなんか何も考えられないのよ」

「こどもがひとのことを考えられないなら、教師だって同じでしょう。同僚がやられてるのをひとごとにしてたんじゃない」

「山口さんなんかどう思う？」

昨夜来の息子のことを思い出して、だまりこくっていた私に、話がふられてきた。いまどきの子どもたちの話題は山ほどあったが、息子のことを話すことにした。

「今どきの子にもいろいろあるわよ。実はうちの息子が、昨夜、突然電話でアフリカに赴任するって言ってきたのよ。まるで出征兵士の母親の心境よ。人類の平和のためとか、社会に貢献するっていえば、格好いいけど。お国のためにって、出て行った戦時中の若い子と、けなげに送りだした母親と、状況的には何もかわりがないのかなあ。岸壁の母になりそう」

人のことを気にしないどころか、地球の裏の子どものために、本気で働いていこうとする息子がどれほど誇らしいことか。自慢の風船が破れてしまいそうだったが、自嘲ぎみに話してみた。

康太を育てる時代は、巨大なアメリカとソ連がにらみを利かせ、むしろ戦争の抑止力が働いていた。途上国の飢えや貧困、疾病で命を落とす子どもたちのことが、同じ星の地球で子育てをする母親にとって、看過できない問題だった。これは国際女性年の世界会議に参加し、さまざまな国の女性の実情を知って、痛感したことだった。

「地球の裏ではね、コータンと同じ年の子が病気になっても、お医者さんに診てもらえないで、助けて〜って言ってるの。お腹が空いたよ〜って泣いている子もいっぱいいるの。コータンが大きくなったら、そういう子がみんな幸せになれるように、がんばろうね」

折にふれて、こういう話をしてきた。

それが1991年の終わりに、ソヴィエト連邦が崩壊し、彼が大学で学んでいるころから、世界の様相は変わる。

冷戦という言葉はなくなったが、各地で紛争が表面化して、小さな局地戦争があちこちで、勃発するようになった。衣食足りた日本の若者の手を必要とする国は、貧しさだけが問題ではない。

病人のために、医師や看護師、医薬品を求めたり、井戸水を掘ったり、農作物の耕作法の指導を求める国々では、大地には地雷が潜み、頭の上には弾丸がかすっていく。

私がこの世界情勢の変化に気づいた頃、康太はすでに、母親から巣立って、自分の道を覚悟の上で、歩み始めていたのだ。

「命が危ないから、行くのはやめてもらいたいって本音よ。だけど、そういう風に私が育ててきて、いまさら感情にまかせて、反対することもできないし……」

語尾が消えそうなところに、男の声が重なる。

「命の保証もできないような、危険なところに子どもをやるなんて、そんな無謀な！　どっかの大学の先生が殺されたじゃないか。あれだって、いい年してさ、周到な準備や調査に欠けていたとしか思えないよ。賢い大人のやることじゃないな。僕は仕事をするとき、ちゃんと線路を敷いたうえで、危なげのないようにして、物事を進めてきたよ。それが大事なことなんだ」

年長のせいか、唯一の男というせいか、彼はいつも話題の仕切り役をつとめ、集団の意見の流れはそれに沿っていくことが多かった。

「今どきの子らしいわ。身近なところにやることはいっぱいあるのに、目立ったことをやって、注目されたいって気持ちが強いんじゃない」

「そういえば、最近話題の17歳の犯罪にも、目立ちたいという共通したところがあったわね」

「そこまで言ったら悪いわよ」

「僕はやっぱり、感心しないな。はっきり言わせてもらえば、息子さんの独りよがり、自己満足にすぎないんじゃないかと思うよ。そんなことやったって、アフリカが、アンゴラがどれだけ変わるのか。客観的には何も状況は変わりゃしないんだよ。それより、事件にでもなったら、他人に迷惑をかけることになるんだから」

一瞬の沈黙が漂い、私は言葉を失っていた。

七夕の短冊に家族のみんなの願いを書いた。

「コータンはなんて書く？」

「そうねぇ。オネショが治ることと〜、センソウが無くなること」

はにかみながら答えたのは、まだ文字の書けない、小学校にあがる前のことだ。

このころから、戦争への関心を示す彼のエピソードはいくつもあった。

幼少時代、彼は疲れ果てるまで、外で遊びまくっていたせいか、布団のなかで、たまには絵本を読んであげようと思っても、途中で、必ず眠りこけて、がっかりさせられたものだ。そんな康太がある日、新聞に載っていた大きな戦車の写真を見つけて、読んでほしいとせがんできた。この日、ソ連のアフガニスタン侵攻を伝える記事は、一面全体と二面にまで及んでいた。

むずかしい言葉を子どもが理解できる言葉に置き換えながら読んでやった。絵本を読むよりずっと疲れる。

一息いれると、「もっと、もっと」とせがむ。真剣な表情だ。ついに新聞のページをめくって、全部読むはめになってしまった。

それから数日後。彼は思いつめたような表情で、訊ねてきた。

「おかあさん、センソーはなんで起きるの？」

適当な答えを探している私に続ける。

「もし、日本に外国人が攻めてきても、一緒に仲良く住もうよっていえば、戦争しないですむよ」

「コータンって、すごーい！　そんなことを考えついたの？」

思わず彼を抱きしめて、ほめちぎった。

「それ、誰かに教えてもらったの」

とんでもないという風に彼は首を横にふった。

「でも、考えてみて。もし、コータンのウチに、知らない外国人の子が突然入ってきて、一緒に住もうって言ったらどうする？」

彼の眼を見つめていう。

「うん、いいよ。仲良く一緒に住もうねっていうの？」

当惑する息子に私はたたみかける。

「その子が冷蔵庫を勝手にあけて、コータンのお菓子をみんな食べちゃったらどうする？

それでも、ずっと仲良くしていこうよって言える?」

彼は首を横に振る。

「貧乏でお金がなくて、食べるものがなくなると、おなかがすいて、がまんができなくなるの。それで、よそのおうちの冷蔵庫をあけて、食べちゃうの。世界中の子がみんなおなかがいっぱい食べられるようにしたいって、ママも一生懸命がんばっているんだけど、むずかしいの」

このエピソードをのちに、親しい友人に話したら、「これは幼児に話す内容ではない、もっと夢を持たせなきゃ」と、叱られた。良いか悪いかわからないが、私は子どもを幼児扱いしないことが多かった。自分の子を相手に、全く同格になって話すくせがあった。その話が受け入れられるかどうかは、こどもの目をみていると、判断できるものなのだ。

「おなかがすくのをがまんするって、とってもとってもつらいんだよね。知ってるよ」

私の仕事の帰りが遅くなって、夕食が延びることは珍しくなかった。康太のことだ。文句もいわなかったけど、空腹を抱えて、じっとこらえていたことがあったに違いない。

戦争は地球の裏の話だけではない。

「パパとママはどうして、けんかするの」。遠慮がちに、探るように問う息子に、返す言葉はない。

彼は大人になったら、途上国で働くのだろうというのは、いつしか家族の了解事項になっていた。そんな生活を想定しているのか、勉強部屋のエアコンなどはほとんど使っていなかった。食事の中身が貧相だと、文句を言ったためしはない。暑いの寒いのと、環境をぐちることもないし、粗食に耐えられる康太のおかげで、母親はずいぶん手抜きができた。

同年齢の子を持つ母親たちの話を聞いていると、禁欲的な康太の生活ぶりは確かに、際立っていたが、それを誇りにこそすれ、心配することは何もなかった。

こんな康太がアンゴラ行きを決意したのは、ごく自然のなりゆきで、むしろ目標通りの人生を一歩踏みだした証明のようなものだった。

ところがいざ現実に直面するや、ガタガタに動揺し始めただらしない母性本能に、我ながら驚いていた。そこにもってきて、ボランティア仲間の辛辣な反応だ。ダブルパンチをくわされた思いで、彼に万一のことがあったら、親子ともに、どれほどか、世間の非難を浴びるだろうということを初めて悟った。

高校二年の秋、康太の担任教師は、落ちた成績表を前に言った。

「山口君はがんばれば、T大だって不可能じゃないんですから、スポーツは大学に入ってからにするよう、お母さんから話してもらえないでしょうか」

「高校時代は、スポーツで体を鍛え、友情を育てるのが彼の願いなんです。大学はいっぱいあります。浪人すれば、受験のチャンスは何回もあります。寿命も延びていますが、高校時代は二度と来ません」

「お母さんがそんな考え方をするんですねぇ」

担任はため息をついた。

このことを、息子に伝えると、彼はニッと笑った。

進学校のこの高校では、成績でクラスが分けられていて、難関大学への受験クラスの部活動は、ご法度になっていた。おきてを破る生徒が皆無ではなかったにしろ、コソコソと隠れてラケットを握っていた先輩の話を聞き、康太はどのクラスも部活と勉学に両立できる道を開いてほしい、これは自分だけでなく、後輩のためにも必要だと、力説し、お墨付きをもらっていた。

後輩の面倒見が良かったのか、陸上部の部長として、3年生の夏まで走り続け、全国大会の出場には至らなかったが、燃焼しつくしたという誇りに満ちていた。

高校2年の時、世界的に有名な宇宙物理学者ホーキング博士が来日した。「アインシュタインの知的後継者」とも言われ、ブラック・ホールの研究で知られる博士は、大学生のとき、筋委縮性側索硬化症を発症し、コンピューターを搭載した車いすに乗り、失った全身の運動神経を補って、研究を続けていた。

康太は博士の講演を朝日ホールで受講できると、新聞記事で知って、さっそく申し込んだ。運よく抽選で選ばれた。

「皆さんが、本物のコンピューターによる話を聞くのは、今回が初めてかもしれません」

博士は人工の声でこう挨拶をして、講演に入った。「ブラックホールとベビーユニバース」の専門的な話もさることながら、博士の姿は、それだけで、聞く者に大きな衝撃を与えた。講演後、質問の挙手は多かったようだが、康太が運よく指名されたのは、高校生の制服姿におまけがついたに違いない。

「戦争のない平和な世の中を作るために何をしたらよいか」という質問に、「若い時代には、一生懸命勉学に励むことだ」と、人工音声で回答をもらう。学者・研究者がいっぱいつめかけた、あの700人ほどの会場で、康太が発言したと聞いて驚く。いつも寡黙で控えめな彼が、ここ一番のときは、やるものだと見直す。これは、彼の生涯の宝物になろう。

一年浪人して、志望大学に合格し、途上国の支援のために役立てたいと、農学部を専攻した。サークル活動の平和研究会では、同志を募り、そちらの活動も存分にしたようだ。大学院に進み、福祉大国スウェーデンに交換留学をして、ODAの研究をする。

人さまに、康太のことを話すのは、いつの時代も口ごもることが多かった。子どもの頃は、彼の言動について、親としてとりたてて、問題にするようなことはなかったし、長じての行動は何かと少数派で、共感してもらえそうな相手も見つからなかった。

大体、母親が子供のことを話すのは、あきれたり、腹を立てたり、愚痴をこぼすことが多い。それで母親たちは溜飲をさげ、結束し、友達になれる。母親だって仲間はずれは怖い。

子どもについて心配するタネも多様で、発育や健康面での悩み、学業不振に始まり、家庭内暴力、ひきこもり、金銭の使いこみから、あらゆる触法行為に至るまで、いろいろだが、これらは、メディアにいつも充満しているので、およその想像はつく。

それにひきかえ、康太のような存在は、闇に覆われているかのように、今どきのこども像から除外されている。万が一のときは、彼の志や行動を誰が理解してくれるというのだろう。悔やんでも悔やみきれない。

庭に自生した思いがけない草花や、丹精込めて咲いた花を自慢するように、わが子の自慢話ができるほど、親バカはゆるされない。

子どものことを、親が褒めても許されるのは、こどもに取り返しのつかない不幸が襲った時ぐらいだ。

夫の平常心が信じられず、「危機を危機とも思えない、危機意識の欠如が一番問題なのよ」

と絡んでしまう。

「それじゃ、やめさせろとでも言うのか」と、単純な二進法で返されると、話はそれ以上進まない。

息子のことを誰かに語らずにはいられない。誰に聞いてもらおうか。女手一つで、2人の男の子を育て、しかも、人もうらやむやほど立派な社会人に育て上げた彼女なら、大丈夫だ。経験豊かで、聡明で、文学に通じた彼女は、自信に満ちて自分の意見を主張する人だ。それでいて素直で、人の話を捻じ曲げてとったりするようなことは決してしない。彼女自身、世の中のならいに合わせて、わが子を語るようなところが全くない。彼女なら、私たち親子の思いを等身大で理解してくれるにちがいない。彼女は息子が大学生のとき、京都の観光旅行のついでに、一緒に食事をしたこともある。

「ね、聞いてよ。わたし、昨日の晩から、息子を戦地に送り出す母親の気分でいるのよ。理性を失っただらしない母親になっちゃったわ」

自分の子どもが、誰に似たのか、実は幼いころからどんなに志の高い子だったかをまくしてた。必死に相談してくる匿名の母親のようだと気づいて、照れくさくなり、最後に一言付け加えた。

「ここまでいうなんて、もう死んだ子の話でもしているみたいね」

「まあ、あなたの息子さんって、そんなに素晴らしい子だったの？　あなたこれまで一言もそんなこと話したことなかったじゃない。理想的な子育てをしてきたんだわ。

でも、息子さんがアフリカ赴任を決意したのは、あなたのせいじゃない。そんなに自分を責めてはだめよ。彼は自分の道を自ら選択したんだから。

幼いころ、アフガニスタン侵攻にそれだけ、心を動かしたのは、彼に天賦の才能というか、使命があったのよ。そんな子ですもの。天が放っておくわけがない。諸天の加護というのを確信すべきよ」

「ありがとう。やっぱり、電話してよかった。これまで彼のことを何も心配する必要がなかったから、27年分の心配をして、帳じりが合うのかも。日本にいたって、交通事故で命を落とすことはあるんだしね」

人はオギャーと生まれ落ちた時から、刻一刻と死に向かって進んでいる。そのなかで、どう命を使っていくかが、課題で、その人の価値も決まってくる。

「そうね。康太の夢と希望を、天も応援せずにはいられない。きっと守ってくれるって、私にも思えてきた。ありがとう」

彼がアンゴラに出発する前後の数日、私は仕事で家をあけていた。煩雑な仕事を抱えていて、空港まで見送ることなど、とうてい頭には浮かばなかったが、出張先でハタと後悔した。あわてて、携帯電話を取り出したがすでに、切れていた。夏の日差しの下で、真っ赤なブーゲンビリアが、無言で慰めてくれた。

＊　＊　＊　＊　＊　＊　＊　＊　＊　＊　＊　＊

「深夜、砲撃の音で目を覚ました。
静まったと思った矢先、応戦するライフル銃の音。銃声は家の前だ。
窓を開けることすらできない。
もしゲリラがこの家を襲って来たら、と不安が頭をよぎった。
抵抗するすべもない。
いざという時すぐ逃げられるように、寝るときはいつも平服。
ベッドの脇には水の入ったボトルを置いていた。
……が、現実になると体が全く動かない……」

息子のアンゴラ日記からだが、彼を送り出したときの母親の心配は、取り越し苦労でもなかったようだ。

この年2000年は、私の住む町が市制30周年を迎え、記念の文芸誌の原稿を募集していた。北朝鮮を訪問する2年前のことになる。盲学校を卒業した少女が童話作家の夢を見ているのを知り、点字原稿でも受け付けてもらえるように、担当職員に交渉をする一方で、少女に作品を書き上げるよう勧めた。数ヵ月後、彼女の作品ができあがり、無事応募の受け付けを済ますことができて、胸をなで下した。息子をアンゴラに送りだしてから一週間後のことで、私もこの時の高揚した心情を無性に書きたくなった。締め切りまで3日ある。議会の一般質問の締め切りと重なっていて、十分な時間はとれなかったが、自分の体験と思いを書くだけなので、それほど骨の折れることではなかった。

翌年、ニューヨークで、9・11テロが起き、イラクやアフガニスタンが地上の危険地帯になっていった。アンゴラから帰った息子は、次は難民を支援するため、さらに危険なイラクに向けて旅立った。

そこで、外交官が殺害され、日本のボランティア、NGO職員、ジャーナリスト、カメラマンが誘拐、拉致、拘束され、尊い命が奪われた。どの事件も他人ごとではなかった。ボランティアの女性を含めた3人の日本人が拉致された事件では、犯人側が、日本政府の派遣した自衛隊の撤退を求め、意図的に写したビデオを、逐次日本に送りつけ、メディアはそれを伝えた。

3人が人質にされ、脅迫された気分に陥るが、世論はそれほど甘くはない。彼らがようやく救出されたときは、好き勝手に危険地帯に入った結果であるとして、3人は自己責任のバッシングにあう。

日本人は、死者には鞭打たないが、無事解放された被害者やその家族への反応となると、信じられないほど冷たい。とくに、仕事と違って、自ら志願するボランティアへの評価となると、理解を得るのはいっそうむずかしい。息子のアンゴラ赴任の際、私にとっては青天のへきれきだったボランティア仲間の忠告は、そんな空気をいち早く代弁していたわけだ。

「とんでもない、彼らは被害者だ！」と擁護する声の大半は、イラクの自衛隊派遣に反対する政治信条が絡んでいた。

私はどちらにも、くみしない。幼いころからの息子の様子を見ているからだ。時の政治に左右されているわけでない。病や飢餓に苦しむ子どもたちを救いたい。人類の悲惨をなくしたい。

戦争をなくしたい。純粋にそう思っているのだ。

彼は現在、この貴重な経験を土台に、目標を曲げずに、新たなチャレンジを始めている。

イラクで拘束され、人質になった被害女性が、最近、日本人のバッシングからようやく立ち直り、再び、イラクの支援を始めていると聞いた。

「あのイラクの子どもたちを放っておくわけにはいかないから」と。

彼女については、個人的には何も知らないが、変わらぬ信念に、本物の情熱を感じる。

近頃、世界の各地で、身を賭してボランティアをする日本の若者がそれほど珍しくなくなった。今どきの若者を信じたい。


ところで、30周年記念の文芸誌の応募の結果、少女の作品は入選を逸したが、公開されるべき作品と評価され、活字になって掲載された。彼女や彼女の両親の喜ぶ姿に、議員をやっていて、心底良かったと思った。

「でも、谷合さんは残念でしたね」。少女は手放しで喜べないかのように、慰めてくれた。そういえば、彼女にだけは、私も作品を提出したことを洩らしていた。優秀賞1篇、奨励賞3篇が受賞し、私の作品はその奨励賞に入っていたが、ペンネームだったので、気付かなかったようだ。

実名を知る受付の担当職員は、公務員として守秘義務があったので、誰にも知られる気配はなかった。他人の悩み相談で駆けずりまわっている議員が、私ごとで心痛を抱えていることを公言する気にはなれなかったので、ありがたかった。授賞式も、運よく公務と重なり、悩まずに欠席することができて、最後までわからずに終えることができた。

今回、この作品が、ひょんなことで、10年ぶりで日の目をみることになった。ピョンヤン旅行記を出版するにあたり、筆者の生き方の裏づけになるので、合わせて掲載したらどうかと、スタジオ・フォンテの高橋光利編集長に勧められたのだ。

文芸誌の募集要項にスタイルを合わせたため、登場人物の名前と具体的なディテールをぼかして小説風に仕立てたものの、エピソードは全て事実のままである。

当初の作品は短時間で仕上げたため、文章や構成について、気になる個所は、若干手を入れた。

視力、聴力を失ったヘレン・ケラー自身が22歳の時に執筆した自伝が出版されたのは100年以上も前のことで、20世紀の優れた自叙伝と評されている。大学時代の恩師川西進先生が翻訳された『ヘレン・ケラー自伝』（ぶどう社）を、ごく最近、読みながら、ヴァン・クライバーン国際ピアノ・コンクールで優勝した辻井伸行氏のラフマニノフを聞き、ハンディを乗り越えた超人的な2人のパワーに心底励まされている。童話作家志望の少女はすでに、少女を卒業し、目下、病弱の両親の介護のため執筆から遠ざかっていると聞くが、またいつの日か挑戦してほしい。点字変換パソコンも出回り、点訳にそれほど苦労することもなくなっている。

（了）

【著者紹介】
谷合 規子（たにあい　のりこ）

日本ペンクラブ会員
横浜国立大学卒業、中学校教員、ジャーナリストを経て
1992年～2004年　新座市議会議員
1982年「薬に目を奪われた人々」で、第1回潮賞ノンフィクション賞受賞
著書に『なみだの選択』（潮出版社）、『危ないインフルエンザ予防接種』（社会評論社）

フッーのおばさんが見た北朝鮮
――凍える国にも、いつかは春が

二〇一〇年六月一〇日　第一版第一刷

著　者　谷合規子
発行人　浜　正史
発行所　元就出版社
東京都豊島区南池袋四―二〇―九
サンロードビル2F・B
電話　〇三―三九八六―七七三六
FAX〇三―三九八七―二五八〇
振替〇〇一二〇―三―三一〇七八

編集協力（株）スタジオ・フォンテ
装幀　田中　等
印刷　中央精版印刷株式会社

ISBN978-4-86106-189-9 C0026